SINGT VON HOFFNUNG

SINGT VON HOFFNUNG

Neue Lieder für die Gemeinde

Herausgegeben von der
Evangelisch-Lutherischen Landeskirche
Sachsens

EVANGELISCHE VERLAGSANSTALT
Leipzig

Zum Liedheft „Singt von Hoffnung" ist ein Tastenbegleitbuch beim Strube-Verlag, München (VS 3299, ISBN 978-3-89912-116-2) erschienen. Ein Bläserheft (ISMN M-000-00126-8) ist bei der Sächsischen Posaunenmission e. V., Radebeul, erhältlich: Sächsische Posaunenmission e.V., Obere Bergstraße 1, 01445 Radebeul, posaunenmission.sachsen@evlks.de, www.spm-ev.de.

Der Verlag hat sich bemüht, alle Quellenangaben so korrekt wie möglich zu nennen und die Rechteverwalter in jedem Fall um Abdruckerlaubnis zu bitten. Sollten gleichwohl hier nicht berücksichtigte Rechte berührt sein, wäre der Verlag für Hinweise dankbar. Rechtsansprüche bleiben in jedem Fall gewahrt.

Die Deutsche Bibliothek – Bibliographische Information

Die Deutsche Bibliothek verzeichnet diese Publikation in der Deutschen Nationalbibliografie; detaillierte bibliographische Daten sind im Internet über <http://dnb.dnb.de> abrufbar.

12. Auflage 2023
© 2009 by Evangelische Verlagsanstalt GmbH, Leipzig
Printed in Germany · H 7200
Alle Rechte vorbehalten
Gedruckt auf alterungsbeständigem Papier
Typografie und Notensatz: Notensatz Frank Litterscheid, Hehlen
Umschlaggestaltung: behnelux gestaltung, Halle/Saale
Druck und Binden: CPI books GmbH, Leck

ISBN 978-3-374-02590-9
www.eva-leipzig.de

KIRCHENJAHR

ADVENT

Singet fröhlich im Advent I

2. Singt von Hoffnung für die Welt / dort, wo Menschen zagen! / Welche Last uns auch befällt: / Christus hilft sie tragen; / dies für andre auch zu tun, / daran lasst uns denken. / Singt von Hoffnung für die Welt: / Christus wird sie schenken.

3. Singt von Frieden in der Welt / dort, wo Menschen streiten! / Christus sein Versprechen hält: / er steht uns zur Seiten, / wenn in seinem Namen wir / Friedensstifter werden. / Singt von Frieden in der Welt: / er gescheh auf Erden.

4. Singt von Liebe in der Welt / dort, wo Menschen hassen! / Wo auf Macht, Besitz und Geld / alle sich verlassen, / wollen wir in allem Tun / uns auf Christus gründen. / Singt von Liebe in der Welt, / lasst uns von ihr künden!

5. Singet fröhlich im Advent, / preiset Gottes Taten! / Keine Macht von ihm uns trennt, / nichts kann uns mehr schaden! / Hell strahl seiner Liebe Glanz / über Raum und Zeiten. / Lasst uns fröhlich im Advent / ihm den Weg bereiten!

T und M: Gottfried Neubert 1977.
B: Jesaja 40,3; Lukas 3,4.
© Strube Verlag GmbH, München-Berlin

ADVENT

Immer wieder wird Advent 2

2. Immer wieder im Advent: / Liebe, die für andre brennt. / Immer wieder und doch neu: / Gottes Gnade, Gottes Treu, / Gottes Gnade, Gottes Treu.

3. Immer wieder im Advent: / Eigensucht, die von ihm trennt. / Jedes Jahr Gelegenheit / auszuräumen, was uns reut, / auszuräumen, was uns reut.

4. Immer wieder im Advent: / Freude, die den Herrn bekennt. / Und das Wunder macht uns still, / dass es Weihnacht werden will, / dass es Weihnacht werden will.

T: Konrad Häussler 1981.
M: Johannes Petzold 1983.
B: Römer 13,8ff.
© Strube Verlag GmbH, München-Berlin

3 In der Dunkelheit erwarten wir ein Licht

1. In der Dunkelheit erwarten wir ein Licht. Wir erwarten, dass Gott zu uns spricht. Wir warten, so kommt Gott uns nah. Sein Wort wirkt Leben, er ist für uns da.

2. Unsre Dunkelheit erleuchtet jetzt ein Stern. / Er erwärmt uns, er ist uns nicht fern. / Nach innen dringt sein klarer Schein. / Herz, werde heller, lass zu dir ihn ein.

3. Aus der Dunkelheit führt uns sein Licht hinaus, / weist uns Wege zu des Nächsten Haus, / wo Mauern, wo noch Tränen sind. / Liebe erleuchtet jedes Trauerkind.

4. In der Dunkelheit bist du nie ganz allein. / Gott wird Bruder, er will bei dir sein. / Er wartet, setzt auf dein Gespür. / Sein Licht will leuchten, mach ihm auf die Tür.

T UND M: MARKUS LEIDENBERGER 2007.
B: PSALM 24; OFFENBARUNG 3,20.
© STRUBE VERLAG GMBH, MÜNCHEN-BERLIN

Wir ziehen vor die Tore der Stadt

1. Wir ziehen vor die Tore der Stadt. Der Herr ist nicht mehr fern. Singt laut, wer eine Stimme hat! Erhebt die Blicke, wer schwach und matt! Wir ziehen vor die Tore der Stadt und grüßen unsern Herrn.

2. Er ist entschlossen, Wege zu gehn, / die keiner sich getraut. / Er wird zu den Verstoßnen stehn, / wird nicht nach anderer Urteil sehn. / Er ist entschlossen, Wege zu gehn, / vor denen allen graut.

3. Er ruft uns vor die Tore der Welt. / Denn draußen wird er sein, / der draußen eine Krippe wählt / und draußen stirbt auf dem Schädelfeld. / Er ruft uns vor die Tore der Welt: / Steht für die draußen ein!

T: GOTTFRIED SCHILLE 1971. M: MANFRED SCHLENKER 1994.
B: MATTHÄUS 21,1 ff.; HEBRÄER 13,13.

© T: BEIM URHEBER. © M: DEUTSCHER VERLAG FÜR MUSIK, LEIPZIG

WEIHNACHTEN

○5 **Erfreue dich, Himmel**

1. Er-freu-e dich, Him-mel, er-freu-e dich, Er-den, er-freu-e sich al-les, was fröh-lich kann wer-den!

Kehrvers: Auf Er-den hier un-ten, im Him-mel dort o-ben, das Kind in der Krip-pe, das wol-len wir lo-ben!

2. Ihr Sonnen und Monde, ihr funkelnden Sterne, / ihr Räume des Alls in unendlicher Ferne:

3. Ihr Männer und Frauen, ihr Kinder und Greise, / ihr Kleinen und Großen, einfältig und weise:

4. Erd, Wasser, Luft, Feuer und himmlische Flammen, / ihr Menschen und Engel, stimmt alle zusammen:

T: Str. 1+4 Strassburger Gesangbuch 1697;
Str. 2–3 Maria Luise Thurmair-Mumelter 1963.
M: Augsburg 1659 / Bamberg 1691.
© T Str. 2–3: Christophorus im Verlag Herder, Freiburg

WEIHNACHTEN

Stern über Bethlehem 6

1. Stern ü-ber Beth-le-hem, zeig uns den Weg,

führ uns zur Krip-pe hin, zeig, wo sie steht,

leuch - te du uns vo-ran, bis wir dort sind,

Stern ü-ber Beth-le-hem, führ uns zum Kind!

2. Stern über Bethlehem, nun bleibst du stehn / und lässt uns alle das Wunder hier sehn, / das da geschehen, was niemand gedacht, / Stern über Bethlehem, in dieser Nacht.

3. Stern über Bethlehem, wir sind am Ziel, / denn dieser arme Stall birgt doch so viel! / Du hast uns hergeführt, wir danken dir, / Stern über Bethlehem, wir bleiben hier!

4. Stern über Bethlehem, kehrn wir zurück, / steht noch dein heller Schein in unserm Blick, / und was uns froh gemacht, teilen wir aus, / Stern über Bethlehem, schein auch zu Haus!

T und M: Hans Zoller 1964.
B: Matthäus 2,2.
© Gustav Bosse Verlag, Kassel.

KIRCHENJAHR

7   Geh, trag den Ruf nach draußen

Kehrvers — *Swing*

Geh, trag den Ruf nach drau-ßen,
was al-len gilt, darf nicht ver-schwie-gen
sein. Geh, trag den Ruf nach
drau-ßen: Gott lässt uns nicht al-lein!

Strophen

1. Die Bo-ten Got-tes rie-fen die Hir-ten zu dem Stall. Was sie dort sahn und hör-ten, heut weiß man's ü-ber-all.

WEIHNACHTEN

Der Kehrvers wird nach jeder Strophe wiederholt.

2. An ihnen war geschehen, / was nur der Herr vermag: / In dunkler Nacht sie sangen / das Lied vom neuen Tag.

3. Was Hoffnung fest erhoffte, / Gedanken kühn gedacht, / was Gott der Welt versprochen, / das hat er wahr gemacht.

4. In Jesus kam Gott zu uns, / von Fesseln zu befrein, / den Blinden Licht zu geben, / uns allen Weg zu sein.

5. Er gibt uns Grund zum Glauben, / zum Hoffen und zum Tun. / Wer seinen Tag erwartet, / kann nicht in Trägheit ruhn.

T: Jörg Swoboda 1976. M: Spiritual.
B: Jesaja 9,1.
© T: beim Urheber

Das Volk, das im Finstern wandelt, sieht ein großes Licht,
und über denen, die da wohnen im finstern Lande,
scheint es hell.

Jesaja 9,1

Aus der Armut eines Stalles

2. Könige aus fernen Reichen bringen ihre Schätze her, / und am Ziel der Reise finden sie ganz unvergleichlich mehr, / und am Ziel der Reise finden sie ganz unvergleichlich mehr.

3. Jesus Christus, hier geboren, Menschensohn und Gotteskind, / und die Hirten sagen's weiter: dieser ist uns wohlgesinnt, / und die Hirten sagen's weiter: dieser ist uns wohlgesinnt.

T: Arnim Juhre 1980. M: Winfried Heurich 1994.
© Strube Verlag GmbH, München-Berlin

PASSION

Hört das Lied der finstern Nacht　9

1. Hört das Lied der finstern Nacht, Nacht voll Sünde und voll Not, hört, was drin geschah, fern und doch so nah.

2. Judas geht, und es ist Nacht, / Nacht voll Sünde und Verrat, / Jesus lässt ihn gehn, / denn es muss geschehn.

3. Alle fliehen, es ist Nacht, / Nacht voll Sünde und voll Angst, / Jesus steht allein / in dem Fackelschein.

4. Kaiphas richtet, es ist Nacht, / Nacht voll Sünde und voll Hass, / Jesus leidet still, / wie's der Vater will.

5. Petrus leugnet, es ist Nacht, / Nacht voll Sünde und voll Schuld, / Jesus blickt ihn an, / draußen kräht der Hahn.

6. Jesus stirbt, da wird es Nacht, / doch er bricht die Finsternis, / reißt durch seinen Tod / uns aus Nacht und Not.

T und M: Erhard Anger 1961/1973.
B: Johannes 13,28 ff.
© Deutscher Verlag für Musik, Leipzig

10 Christi Kreuz vor Augen

2. Christi Kreuz vor Augen / steh ich, fassungslos. / Angst will mich verschlingen, / Scheitern und Misslingen / kenne ich. Mir wird glühheiß – Kyrieleis.

3. Christi Kreuz vor Augen / steh ich, gramgebeugt. / Könnte mich bespeien, / wenigstens laut schreien: / Warum solch ein hoher Preis? / Kyrieleis.

4. Christi Kreuz vor Augen / steh ich, überrascht. / Licht blüht auf und Leben, / Schuld ist längst vergeben: / Gottes Kleid birgt mich schneeweiß – Kyrieleis.

T: Eugen Eckert 2006. M: Fritz Baltruweit 2006.
© tvd-Verlag, Düsseldorf

PASSION

Für alle Schuld, die wir getan II

Der Kehrvers wird nach den Strophen 1–6 wiederholt.

2. Ja, du musstest dich beugen / der Feigheit, dem Gemeinen. / Du, Herr, unterwarfst dich für uns, für uns.

3. Von den Freunden verlassen, / allein warst du und einsam, / von Gott auch verlassen, für uns, für uns.

4. Und man schlug dich mit Geißeln / und dachte, Gott zu dienen, / du littest dies willig für uns, für uns.

5. Schande, Hohn und Verspottung, / noch schlimmer als die Schmerzen, / ertrugest du schweigend für uns, für uns.

6. Der Verbrechertod endlich, / das Kreuz war dir beschieden, / entsetzliche Qualen für uns, für uns.

7. Durch dein Leiden, Lamm Gottes, / sind wir nun frei gesprochen, / dein Sieg ist das Leben für uns, für uns.

T: Gisela Kandler 1977. M: Matthias Drude 2006.
B: Johannes 1,29b; Philipper 2,5 ff.
© Strube Verlag GmbH, München-Berlin

12 — Für mich gingst du nach Golgatha

1. Für mich gingst du nach Golgatha, für mich hast du das Kreuz getragen, für mich ertrugst du Spott und Hohn, für mich hast du dich lassen schlagen.

PASSION

Herr, dei-ne Lie-be ist so groß, dass ich sie nie be-grei-fen kann, doch dan-ken will ich dir da-für. Herr, dei-ne Lie-be ist so groß, dass ich sie nie be-grei-fen kann. Ich be-te dich an.

2. Für mich trugst du die Dornenkron, / für mich warst du von Gott verlassen. / Auf dir lag alle Schuld der Welt, / auch meine Schuld, ich kann's nicht fassen.

3. Herr Jesus Christus, alle Schuld / hast du für immer mir vergeben. / Du hast mich froh und frei gemacht, / du schenkst mir neues, ewges Leben.

T UND M: MARGRET BIRKENFELD 1977.
© GERTH MEDIEN MUSIKVERLAG, ASSLAR

OSTERN

○ **13**   **Jubilate coeli, jubilate mundi**
Kanon für 4 oder 8 Stimmen

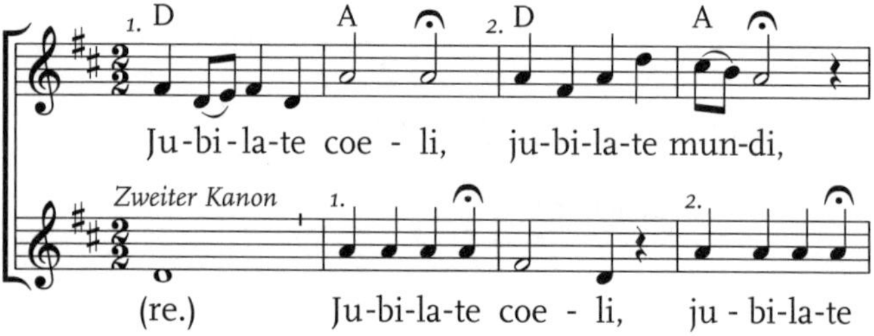

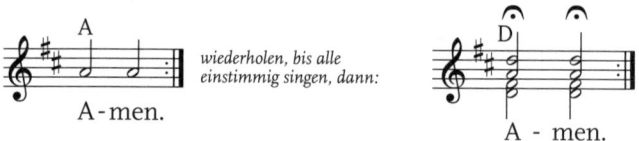

Sobald eine Stimme den Kanon schließt, kann sie das Amen anfügen:

A-men.   *wiederholen, bis alle einstimmig singen, dann:*   A - men.

Nicht zum Singen bestimmte deutsche Übersetzung:

Jubelt, ihr Himmel, ihr Welten! Jesus Christus ist wahrhaftig auferstanden.

T UND M: JACQUES BERTHIER, TAIZÉ 1981.
© ATELIERS ET PRESSES DE TAIZÉ, 71250 TAIZÉ-COMMUNAUTÉ

OSTERN

Der Herr ist auferstanden   O14
Kanon für 3 Stimmen

1. Der Herr ist auf - er - stan - den!
2. Er ist wahr-haf-tig auf - er - stan - den!
3. Hal-le - lu - ja, Hal-le-lu - ja!

T: ALTKIRCHLICH. M: PAUL ERNST RUPPEL 1949.
B: LUKAS 24,34.
© M: VERLAG MERSEBURGER, KASSEL

Gelobt sei Gott, der Vater unseres Herrn Jesus Christus, der uns nach seiner großen Barmherzigkeit wiedergeboren hat zu einer lebendigen Hoffnung durch die Auferstehung Jesu Christi von den Toten.

1. Petrus 1,3

15 Sing Halleluja unserm Herrn / Sing Halleluja to the Lord

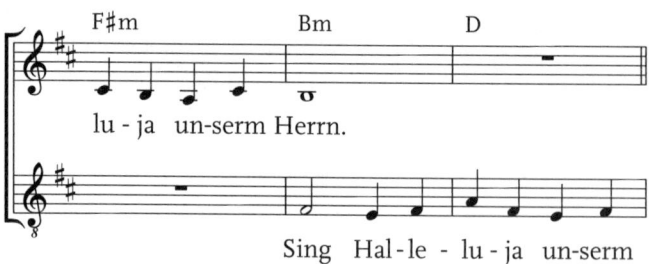

OSTERN

2. Jesus erstand aus seinem Grab.

3. Jesus lebt in uns, seinem Leib.

4. Jesus kommt bald in Herrlichkeit.

5. Jesus ist König, Herr der Welt.

1. *Sing Halleluja to the Lord.*

2. *Jesus is risen from the death.*

3. *Jesus is living in His church.*

4. *He's coming back to claim His own.*

5. *Jesus is King and Lord of all.*

T (ENGLISCH) UND M: LINDA STASSEN 1974.
© NEW SONG CREATIONS, USA

16   Gott hat den Sieg

Der Kehrvers wird nach jeder Strophe wiederholt.

2. Glaubet, dass er überwunden hat Sünde und Not!

3. Glaubet doch, dass er gestorben ist für alles Leid!

4. Glaubet, dass er wiederkommen wird in Herrlichkeit!

5. Freuet euch und preist mit mir den Herrn, unseren Gott!

T UND M: KOMMUNITÄT GNADENTHAL 1978.
B: 1. KORINTHER 15,57; 2. KORINTHER 2,14.
© PRÄSENZ-VERLAG, GNADENTHAL

OSTERN

Manchmal feiern wir mitten im Tag 17

2. Manchmal feiern wir mitten im Tag ein Fest der Auferstehung: / Stunden werden eingeschmolzen und ein Glück ist da.

3. Manchmal feiern wir mitten im Wort ein Fest der Auferstehung: / Sätze werden aufgebrochen und ein Lied ist da.

4. Manchmal feiern wir mitten im Streit ein Fest der Auferstehung: / Waffen werden umgeschmiedet und ein Friede ist da.

5. Manchmal feiern wir mitten im Tun ein Fest der Auferstehung: / Sperren werden überwunden und sein Geist ist da.

T: Str. 1 Verfasser unbekannt nach Alois Albrecht, Str. 2–5 Alois Albrecht 1974. M: Peter Janssens 1974.

© Peter Janssens Musikverlag, Telgte-Westfalen

HIMMELFAHRT

18. Wir feiern deine Himmelfahrt

1. Wir feiern deine Himmelfahrt mit Danken und mit Loben. Gott hat sich machtvoll offenbart, das Kreuz zum Sieg erhoben. Er sprach sein wunderbares Ja. Nun bist du immer für uns da, entgrenzt von Raum und Stunde.

2. Das Reich, in das du wiederkehrst, / ist keine ferne Höhe. / Der Himmel, dem du zugehörst, / ist Herrschaft und ist Nähe. / Präg du uns ein, Herr Jesu Christ: / Gott ist nicht, wo der Himmel ist; / wo Gott ist, da ist Himmel.

3. Nimm uns in deinen Machtbereich, / gib Kraft zu Tat und Leiden / und mach uns deinem Wesen gleich / im Wollen und Entscheiden. / Wir freuen uns, Herr Jesu Christ, / dass da auch ein Stück Himmel ist, / wo wir dein Wort bezeugen.

4. Du hast die Angst der Macht beraubt, / das Maß der Welt verwandelt. / Die wahre Macht hat nur, wer glaubt / und aus dem Glauben handelt. / Wir danken dir, Herr Jesu Christ, / dass dir die Macht gegeben ist / im Himmel und auf Erden.

5. Du trittst beim Vater für uns ein, / auch wenn wir es nicht sehen. / Trotz Widerspruch und Augenschein / kann uns doch nichts geschehen, / was deinem Wort, Herr Jesu Christ, / und deinem Sieg entgegen ist. / Hilf uns darauf vertrauen.

6. Wenn diese Welt zu Ende geht, / bewahre und errette, / was deinem Namen untersteht. / Bereite uns die Stätte / und hol uns heim, Herr Jesu Christ, / dahin, wo du der König bist, / der Friede ohne Ende.

T: Detlev Block 1978.
M: Sei Lob und Ehr dem höchsten Gut (EG 326).
B: Apostelgeschichte 1,3 ff.; Epheser 1,20 ff.
© T: Vandenhoeck & Ruprecht, Göttingen

Was ist Himmel? 19

2. Was ist Himmel? Um und in uns / Gott, des Schöpfers Gegenwart, / ohne Anfang, ohne Ende, / es gibt nichts, was ausgespart.

3. Eine Wolke nahm uns Christus / weg aus unsrer Sichtbarkeit, / doch er lebt für alle Zeiten, / so auch jetzt in unsrer Zeit.

4. Er regiert mit seinem Vater, / sendet uns den Heilgen Geist, / baut sein Reich durch seine Kirche, / und er hält, was er verheißt.

T: Gisela Kandler 2005. M: Markus Leidenberger 2007.
B: Markus 16,19 f.
© Strube Verlag GmbH, München-Berlin

20   Jesus lebt, ist auferstanden

1. Je-sus lebt, ist auf-er-stan-den, ist uns nah seit
   lasst uns neu-e Lie-der sin-gen, freut euch ü-ber

sei-ner Him-mel-fahrt; sei-ne Him-mel-fahrt.

HIMMELFAHRT

Singt und lobt den Herrn! Singt und lobt den Herrn!

2. Jeden Winkel dieser Erde / füllt er aus mit seiner Gegenwart. / Jeder Mensch kann ihm begegnen, / überall seit seiner Himmelfahrt.

3. Meine Schritte, meine Wege / geh ich froh in seiner Gegenwart. / Meine Ängste, meine Sorgen / kann er hörn seit seiner Himmelfahrt.

4. Steht auch uns der Himmel offen? / Ja, weil er es uns versprochen hat. / Jesus kennt den Weg; wir folgen / und vertrauen seiner Himmelfahrt.

5. Jesus ist der Herr der Erde, / ist die Kraft, die unsre Welt bewahrt. / Gottes Reich beginnt zu wachsen / unter uns seit seiner Himmelfahrt.

T UND M: MICHAEL LAUDELEY 2003.
B: JOHANNES 1,51; APOSTELGESCHICHTE 7,55.
© BEIM URHEBER

PFINGSTEN

21   Komm, Heilger Geist, mit deiner Kraft

Der Kehrvers wird nach jeder Strophe wiederholt.

2. Wie der Sturm so unaufhaltsam, / dring in unser Leben ein! / Nur wenn wir uns nicht verschließen, / können wir deine Kirche sein.

3. Schenke uns von deiner Liebe, / die vertraut und die vergibt. / Alle sprechen eine Sprache, / wenn ein Mensch den andern liebt.

T: Klaus Okonek, Joe Raile.
M: Volkslied aus Israel, Sarah Levy-Tanai.
© bei den Urhebern

Wasser vom Himmel, fließe zur Erde ○22

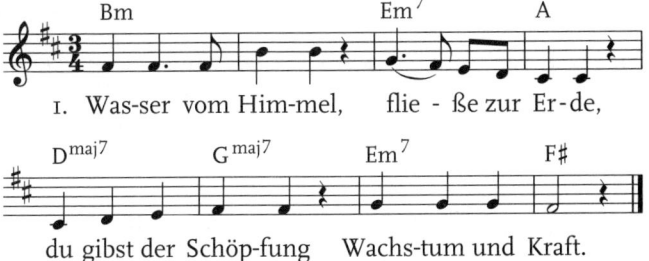

1. Wasser vom Himmel, fließe zur Erde, du gibst der Schöpfung Wachstum und Kraft.

2. Wasser der Quelle, / ströme zum Meer hin; / dir gleicht mein Leben: / mündet in Gott.

3. Wasser der Wüste, / brich aus dem Felsen; / Gott will dich tränken, / Volk auf dem Weg.

4. Wasser aus Heimweh, / Tränen, die heilen; / Gott, lass mich weinen, / wasch mein Gesicht.

5. Wasser des Lebens, / sprudelnder Quellgrund, / Christus, du Wahrheit, / still meinen Durst.

6. Wasser der Taufe, / löse, befreie; / schenk deinen Atem, / Heiliger Geist.

T: Helmut Schlegel 1990. M: Winfried Heurich 1990.
© Strube Verlag GmbH, München-Berlin

KIRCHENJAHR

○23 Jesus, dein Licht / Shine, Jesus, shine
**Herr, das Licht deiner Liebe leuchtet auf /
Lord, the light of Your love is shining**

1. Herr, das Licht dei - ner Lie - be
2. Herr, voll Ehr - furcht komm ich zu
3. Schaun wir, Kö - nig, zu dei - nem

1. leuch - tet auf, strahlt in - mit - ten der
2. dei - nem Thron aus dem Dun - kel ins
3. Glan - ze auf, dann strahlt dein Bild auf

1. Fins - ter - nis für uns auf. Je - sus, du
2. Licht des Got - tes-sohns. Durch dein Blut
3. un - se - rem Ant - litz auf. Du hast Gna -

1. Licht der Welt, sen - de uns dein Licht. Mach uns
2. kann ich nun vor dir ste - hen. Prüf mich,
3. de um Gna - de ge - ge - ben, dich wi - der -

1. frei durch die Wahr - heit, die jetzt an - bricht.
2. Herr, lass mein Dun - kel ver - ge - hen.
3. spie - gelnd er - zähl' un - ser Le - ben

1. *Lord, the light of Your love is shining / in the midst of the darkness, shining; / Jesus, Light of the World, shine upon us, / set us free by the truth You now bring us. / Shine on me, shine on me.*

Refrain: Shine, Jesus shine, fill this land with the Father's glory; / blaze, Spirit, blaze, set our hearts on fire. / Flow, river flow, flood the nations with grace and mercy; / send forth Your word, Lord, and let there be light.

2. *Lord, I come to Your awesome presence. / From the shadows into Your radiance; / by the blood I may enter Your brightness. / Search me, try me, consume all my darkness. / Shine on me, shine on me.*

3. *As we gaze on Your kingly brightness / so our faces display Your likeness. / Ever changing from glory to glory, / mirrored here may our lives tell Your story. / Shine on me, shine on me.*

T: Graham Kendrick (englisch) 1987, Manfred Schmidt (deutsch) 1988. M: Graham Kendrick 1987.
B: Offenbarung 4,11; 5,9.

© Make Way Music, adm. by Unisong Music Publ. B.V.,
Printrechte für D, A, CH: Hänssler Verlag, D-71087 Holzgerlingen

○24 Alle meine Quellen entspringen in dir

Al-le mei-ne Quel-len ent-sprin-gen in dir, in dir, mein gu-ter Gott! Du bist das Was-ser, das mich tränkt und mei-ne Sehn-sucht stillt.

PFINGSTEN

1. Du bist die Kraft, die Leben schenkt, eine Quelle, welche nie versiegt. 1.–7. Ströme von lebendigem Wasser brechen hervor.

Der Kehrvers wird nach jeder Strophe wiederholt.

2. Du bist der Geist, der in uns lebt, / der uns reinigt, der uns heilt und hilft.

3. Du bist das Wort, das mit uns geht, / das uns trägt und uns die Richtung weist.

4. Du bist der Glaube, der uns prägt, / der uns stark macht, offen und bereit.

5. Du bist die Liebe, die befreit, / die vergibt, wenn uns das Herz anklagt.

6. Du bist das Licht in Dunkelheit, / du erleuchtest unsern Lebensweg.

7. Du bist das Lamm, das sich erbarmt, / das uns rettet, uns erlöst und liebt.

T und M: Sr. Leonore Heinzl 1984.
B: Psalm 87,7; Johannes 4,14.
© bei der Urheberin

TRINITATIS

25   Gott des ganzen Weltalls

1. Gott des ganzen Weltalls, du Grund und Urgewalt, Ursubstanz der Liebe, nicht fassbar, die Gestalt. Bestehst seit allen Zeiten, von vielen nicht erkannt; birgst tausendfach Geheimnis, wie roher Diamant.

2. Dein Sohn Jesus Christus, der Diamantenschliff. / ⸼ Offenbart dein Wesen, der Liebe Inbegriff, / zeigt uns deine Facetten, den Blick in dich hinein; / lässt leuchten deine Schönheit, unendlich klar und rein.

3. Diamantenfunkeln – der Heilge Geist lädt ein. / ⸼ Bricht aus deinen Tiefen, durchdringt selbst harten Stein, / trifft mitten in die Herzen mit strahlend hellem Licht; / er weckt sie auf zum Leben, begeistert sie für dich.

4. Dreierlei Gestalten bist du und bleibst doch eins: / Gottvater, Jesus Christus und auch der Heilge Geist. / Du Liebe, Schönheit, Rätsel, du teurer Edelstein, / komm, leucht mit deinen Strahlen direkt in uns hinein.

T: Ute Passarge 2006. M: Jochen Arnold 2006.
B: Hesekiel 3,9; Offenbarung 21,19 f.
© Strube Verlag GmbH, München-Berlin

JOHANNISTAG

26   Das Jahr steht auf der Höhe

1. Das Jahr steht auf der Höhe,
die große Waage ruht.
Herr, zwischen Blühn und Reifen
und Ende und Beginn.
Lass uns dein Wort ergreifen
und wachsen auf dich hin.
Nun schenk uns deine Nähe
und mach die Mitte gut,

JOHANNISTAG

2. Kaum ist der Tag am längsten, / wächst wiederum die Nacht. / Begegne unsren Ängsten / mit deiner Liebe Macht. / Das Dunkle und das Helle, / der Schmerz, das Glücklichsein / nimmt alles seine Stelle / in deiner Führung ein.

3. Das Jahr lehrt Abschied nehmen / schon jetzt zur halben Zeit. / Wir sollen uns nicht grämen, / nur wach sein und bereit, / die Tage loszulassen / und was vergänglich ist, / das Ziel ins Auge fassen, / das du, Herr, selber bist.

4. Dein Reich nimmt zu für immer, / und unsre Zeit nimmt ab. / Dein Tun hat Morgenschimmer, / das unsre sinkt ins Grab. / Gib, eh der Sommer schwindet, / der äußre Mensch vergeht, / dass sich der innre findet / und zu dir aufersteht.

T: DETLEV BLOCK. STR. 4 VERÄNDERTE FASSUNG.
M: WIE LIEBLICH IST DER MAIEN (EG 501).
B: JOHANNES 3,30.
© T: VANDENHOECK & RUPRECHT, GÖTTINGEN

MICHAELISTAG

○**27** Denn er hat seinen Engeln befohlen
Wer auf Gott vertraut

1. Wer auf Gott vertraut, braucht sich nicht zu fürchten vor den Träumen der Nacht und der Einsamkeit. Er darf mit Hoffnung in den neuen Tag gehn.
2. Wer auf Gott vertraut, darf sich sicher wissen in den Händen der Liebe, die ihn halten. Er darf mit Freude Gottes Hilfe sehen.

Kehrvers: Denn er hat seinen Engeln befohlen über dir, dass sie dich behüten. Denn

MICHAELISTAG

dass sie dich be - schüt-zen Tag und Nacht.

T UND M: HELLA HEIZMANN 1984.
B: PSALM 91.
© HÄNSSLER VERLAG, D-71087 HOLZGERLINGEN

Wer unter dem Schirm des Höchsten sitzt
und unter dem Schatten des Allmächtigen bleibt,
   der spricht zu dem HERRN: Meine Zuversicht und meine Burg,
   mein Gott, auf den ich hoffe.
Denn der HERR ist deine Zuversicht,
der Höchste ist deine Zuflucht.
   Es wird dir kein Übel begegnen,
   und keine Plage wird sich deinem Hause nahen.
Denn er hat seinen Engeln befohlen,
dass sie dich behüten auf allen deinen Wegen,
   dass sie dich auf den Händen tragen
   und du deinen Fuß nicht an einen Stein stoßest.
Über Löwen und Ottern wirst du gehen
und junge Löwen und Drachen niedertreten.
   „Er liebt mich, darum will ich ihn erretten;
   er kennt meinen Namen, darum will ich ihn schützen.
Er ruft mich an, darum will ich ihn erhören;
ich bin bei ihm in der Not,
ich will ihn herausreißen und zu Ehren bringen.
   Ich will ihn sättigen mit langem Leben
   und will ihm zeigen mein Heil."

Psalm 91,1.2.9 – 16

ERNTEDANK

28   Schön ist es, Herr, dir unsern Dank zu bringen

2. Nichts kommt von selbst und kann sich selbst erhalten, / nicht unser Dasein, unser Tun und Walten, / nicht Saat und Ernte, Sommer nicht und Winter: / Du stehst dahinter.

3. Die Augen aller warten auf die Speise, / die sie ernährt auf mannigfache Weise. / Du tust die Hand auf und gewährst sie allen / mit Wohlgefallen.

ERNTEDANK

4. Die Erde könnte, Herr, für jedes Leben / genug zu essen und zu trinken geben, / wenn wir das täglich Brot gerechter teilten / und Armut heilten.

5. Lass uns zu diesem Ziel die Wege finden / und, die uns hemmt, die Selbstsucht überwinden. / Gib du uns Kraft aus brüderlichem Lieben / Verzicht zu üben. *)

6. Was für ein Bild: Herr, unter deinen Händen / mehrt sich das Brot und kann den Hunger wenden. / Brot für die Welt, verpflichte deine Jünger / als Überbringer.

7. Erweck uns Satten, die wir alles haben, / nach deinem Wort und deinen Gnadengaben / den neuen Hunger, der die Welt verwandelt / und menschlich handelt.

8. Dass unser Glaube es doch endlich lernte: / Wir selber, Herr, sind deine Saat und Ernte / und reifen unter Sonne, Wind und Regen, / Herr, dir entgegen.

*) *Andere Fassung*: ... Gib du uns Kraft, geschwisterlich im Lieben / Verzicht zu üben.

T: Detlev Block 1978. M: Ronny Neumann 2007.
B: Psalm 104,27; Lukas 9,12 ff.

© T: Vandenhoeck & Ruprecht, Göttingen. © M: Strube Verlag GmbH, München-Berlin

KIRCHENJAHR

29 — Erntezeit, Dankezeit

tänzerisch — **Kehrvers**

1.–3. Ern-te-zeit, Dan-ke-zeit, groß ist Got-tes Se-gen. Fel-der tra-gen äh-ren-schwer un-ser Brot zum Le-ben.

4. Ern-te-zeit, Dan-ke-zeit, Gott gibt Brot zum Le-ben. Was wir brau-chen, le-bens-lang, will Gott al-len ge-ben.

Strophen

1. Alles kommt aus seiner Hand, jedes Jahr auf's Neue, und wir spüren immerfort Gottes große Treue.

ERNTEDANK

Der Kehrvers wird nach jeder Strophe wiederholt.

2. Unser Leben grünt und blüht aus dem Schoß der Erde, / Gottes Liebe zeigt sich uns durch sein Wort: „Es werde!"

3. Jeder Mensch wird satt davon, teilen wir die Gaben. / Was Gott allen wachsen ließ, sollen alle haben.

4. Ernten können wir nur dort, wo sich Hände regen, / und doch wächst nichts ohne Gott, ohne seinen Segen.

T: Jörn Philipp 1997. M: Wolfgang Tost 1997.
B: 1. Mose 1; 8,21 f.
© bei den Urhebern

Solange die Erde steht, soll nicht aufhören Saat und Ernte,
Frost und Hitze, Sommer und Winter, Tag und Nacht.
1. Mose 8, 22

ENDE DES KIRCHENJAHRES

30 O Herr, wenn du kommst, wird die Welt wieder neu

1. O Herr, wenn du kommst, wird die Welt wieder neu, denn heute schon baust du dein Reich unter uns, und darum erheben wir froh unser Haupt. O Herr, wir warten auf dich. O Herr, wir warten auf dich.

2. O Herr, wenn du kommst, wird es Nacht um uns sein, / drum brennt unser Licht, Herr, und wir bleiben wach. / Und wenn du dann heimkommst, so sind wir bereit. / O Herr, wir warten auf dich. / O Herr, wir warten auf dich.

3. O Herr, wenn du kommst, jauchzt die Schöpfung dir zu, / denn deine Erlösung wird alles befrein. / Das Leid wird von all deiner Klarheit durchstrahlt. / O Herr, wir warten auf dich. / O Herr, wir warten auf dich.

4. O Herr, wenn du kommst, hält uns nichts mehr zurück, / wir laufen voll Freude den Weg auf dich zu. / Dein Fest ohne Ende steht für uns bereit. / O Herr, wir warten auf dich. / O Herr, wir warten auf dich.

T UND M: HELGA POPPE 1979.
B: 2. PETRUS 3,13; OFFENBARUNG 21,1 ff.
© PRÄSENZ-VERLAG, GNADENTHAL

Wir warten aber auf einen neuen Himmel und eine neue Erde nach seiner Verheißung, in denen Gerechtigkeit wohnt.
2. Petrus 3,13

KIRCHENJAHR

31   Die Gott lieben, werden sein wie die Sonne

Kehrvers
Die Gott lie-ben, wer-den sein wie die Son-ne,   die auf-geht in ih-rer Pracht. Die Gott lie-ben, wer-den sein wie die Son-ne,   die auf-geht in ih-rer Pracht.

Strophen
1. Noch ver-birgt die Dun-kel-heit das Licht,   und noch se-hen wir die Son-ne nicht.   Doch schon zieht ein neu-er Tag her-auf,

ENDE DES KIRCHENJAHRES

und das Licht des Mor-gens leuch-tet auf.

Der Kehrvers wird nach jeder Strophe wiederholt.

2. Viele Tränen werden noch geweint, / und der Mensch ist noch des Menschen Feind. / Doch weil Jesus für die Feinde starb, / hoffen wir, weil er uns Hoffnung gab.

3. Krieg und Terror sind noch nicht gebannt, / und das Unrecht nimmt noch überhand. / Doch der Tag, er steht schon vor der Tür. / Herr, du kommst! Wir danken dir dafür.

4. Noch verbirgt die Dunkelheit das Licht, / und noch sehen wir den Himmel nicht. / Doch die Zeit der Schmerzen wird vergehn, / und dann werden wir den Vater sehn.

T UND M: PETER STRAUCH 1981.
B: RICHTER 5,31.
© HÄNSSLER VERLAG, D-71087 HOLZGERLINGEN

We shall overcome

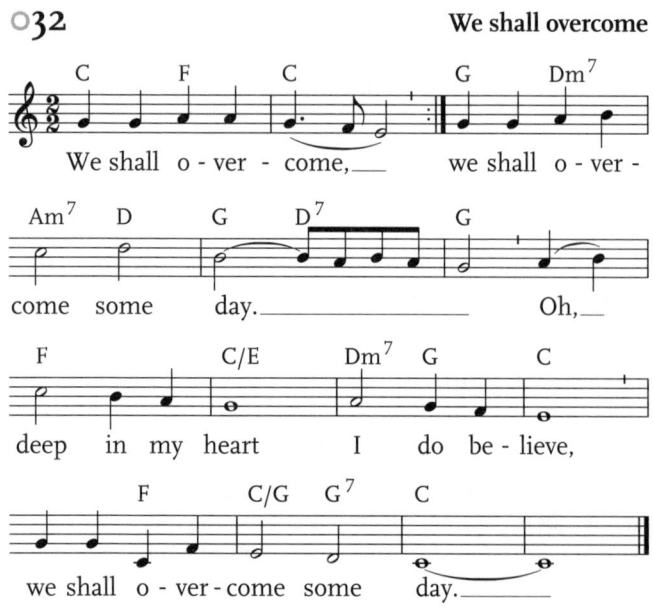

2. |: We'll walk hand in hand, :| we'll walk hand in hand some day. / Oh, deep in my heart I do believe, / we'll walk hand in hand some day.

3. |: We shall all be free, :| we shall all be free some day. / Oh, deep in my heart I do believe, / we shall all be free some day.

4. |: Black and white together, :| black and white together some day. / Oh, deep in my heart I do believe, / black and white together some day.

5. |: We shall live in peace, :| we shall live in peace some day. / Oh, deep in my heart I do believe, / we shall live in peace some day.

6. |: We shall brothers be, :| we shall brothers be some day. / Oh, deep in my heart I do believe, / we shall brothers be some day.

7. |: Truth shall make us free, :| truth shall make us free some day. / Oh, deep in my heart I do believe, / truth shall make us free some day.

Nicht zum Singen bestimmte Übersetzung:

1. Wir werden überwinden ... eines Tages.
   Kehrvers: O tief in meinem Herzen glaube ich fest daran: Wir werden ...

2. Wir werden Hand in Hand gehen ... eines Tages.

3. Wir werden alle frei sein ... eines Tages.

4. Schwarz und weiß vereint ... eines Tages.

5. Wir werden in Frieden leben ... eines Tages.

6. Wir werden Brüder sein ... eines Tages.

7. Die Wahrheit wird uns frei machen ... eines Tages.

T UND M: ZILPHIA HORTON, FRANK HAMILTON,
GUY CARAWAN, PETE SEEGER.
DEUTSCHE ÜBERSETZUNG: FRANKA REINHART.
B: vgl. 1. JOHANNES 5,4; OFFENBARUNG 21,7; JOHANNES 8,31 f.
© LUDLOW MUSIC INC. NEW YORK,
D, A, CH, OSTEUROPÄISCHE LÄNDER: ESSEX MUSIKVERTRIEB GMBH, HAMBURG

GOTTESDIENST

EINGANG

Wir sind hier zusammen ○33
Kanon für 3 Stimmen

1. Wir sind hier zusammen in Jesu Namen, um dich zu loben, o Herr!

2. Ehre dem Vater, Ehre dem Sohn, Ehre dem Heiligen Geist, der in uns wohnt.

3. Halleluja, Halleluja, luja.

T UND M: ÜBERLIEFERT.

34 — Ein Fest für Leib und Seele

Der Kehrvers wird nach jeder Strophe wiederholt.

2. Aus vollem Halse singen wir. / Wir danken unserm Herrn. / Er möchte uns ganz nahe sein, / liebt uns nicht nur von fern.

3. Mit neuen Augen sehen wir / den Menschen nebenan: / ein Meisterstück, von Gott gemacht, / das man entdecken kann.

4. Mit heißen Händen klatschen wir, / die Freude soll heraus. / Wer will, lobt Gott mit einem Tanz, / die Kirche hält das aus.

5. Wir riechen, schmecken, fühlen es: / Was Gott uns schenkt, ist gut. / Zu Brot und Wein lädt er uns ein. / Das stärkt und macht uns Mut.

T: Christoph Zehendner 1998. M: Manfred Staiger 1998.
© Felsenfest Musikverlag, Wesel

Wo zwei oder drei in meinem Namen
Kanon für 2 Stimmen

T: Matthäus 18,20. M: Kommunität Gnadenthal 1972.
© M: Präsenz-Verlag, Gnadenthal

LITURGISCHE GESÄNGE

36   Kyrie

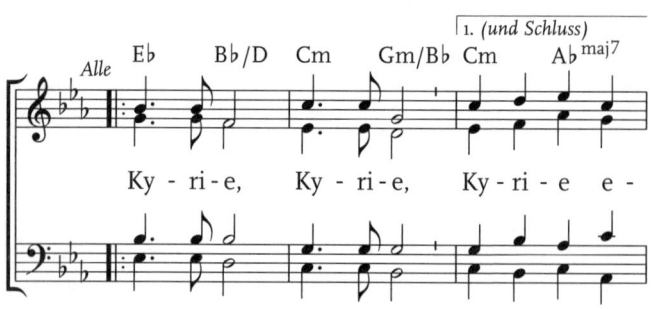

LITURGISCHE GESÄNGE

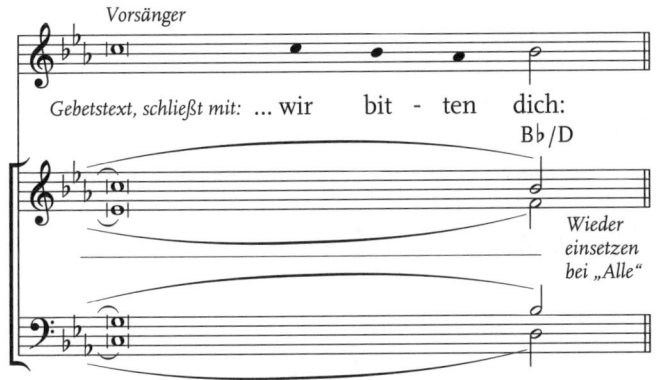

T: Altkirchlich. M: Jacques Berthier, Taizé.
© Ateliers et Presses de Taizé, 71250 Taizé-Communauté

Herr, erhöre   ○37

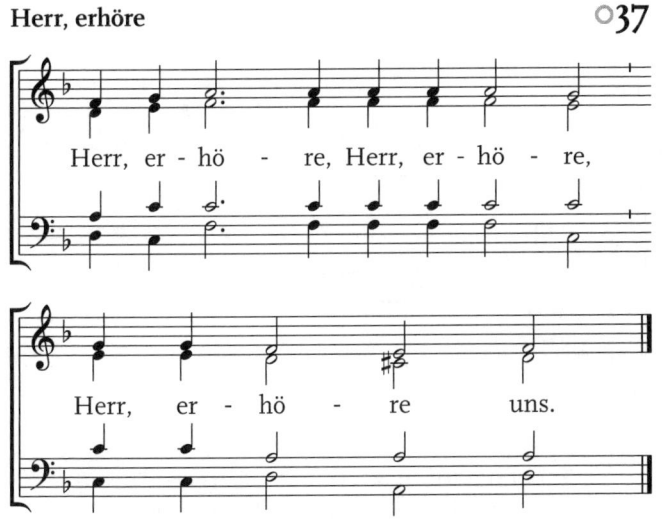

M und S: Ostkirchlich.

GOTTESDIENST

38   **Kyrie**

T: Altkirchlich. M: Jacques Berthier, Taizé.
© Ateliers et Presses de Taizé, 71250 Taizé-Communauté

LITURGISCHE GESÄNGE

Ehre sei Gott 39

T: Altkirchlich zu Lukas 2,14. M: Albert Frey 1995.
© Hänssler Verlag, D-71087 Holzgerlingen, für Immanuel Music, Ravensburg

GOTTESDIENST

40   Halleluja

M und S: Ostkirchlich.

41   Confitemini Domino

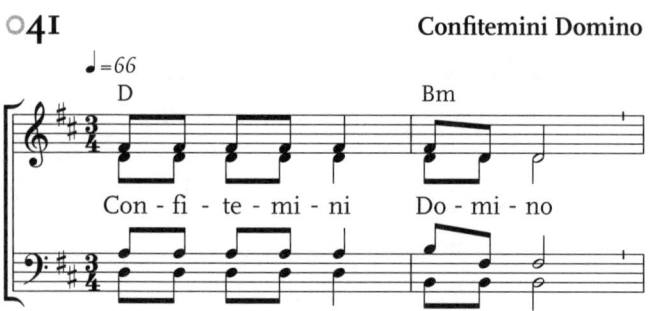

Dankt dem Herrn, denn er ist gut. Halleluja.

T: Psalm 136,1. M: Jacques Berthier, Taizé.
© Ateliers et Presses de Taizé, 71250 Taizé-Communauté

LITURGISCHE GESÄNGE

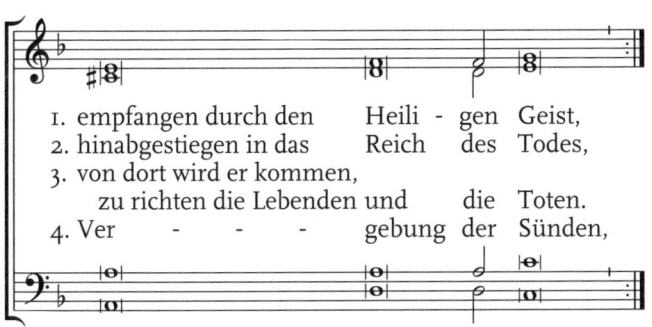

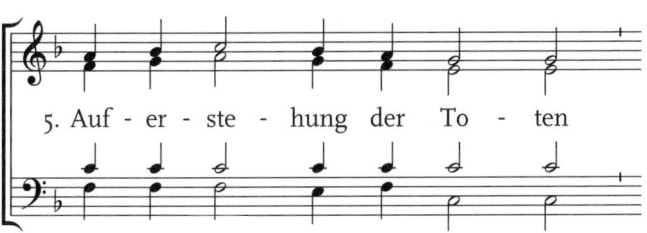

T: Das Apostolische Glaubensbekenntnis.
M und S: Ostkirchlich, eingerichtet von Götz Wiese,
Celle 1989 / 1994.
© beim Urheber

GOTTESDIENST

Das Apostolische Glaubensbekenntnis

*Ich glaube an Gott,
den Vater, den Allmächtigen,
den Schöpfer des Himmels und der Erde.*

*Und an Jesus Christus,
seinen eingeborenen Sohn, unsern Herrn,
empfangen durch den Heiligen Geist,
geboren von der Jungfrau Maria,
gelitten unter Pontius Pilatus,
gekreuzigt, gestorben und begraben,
hinabgestiegen in das Reich des Todes,
am dritten Tage auferstanden von den Toten,
aufgefahren in den Himmel;
er sitzt zur Rechten Gottes,
des allmächtigen Vaters;
von dort wird er kommen,
zu richten die Lebenden und die Toten.*

*Ich glaube an den Heiligen Geist,
die heilige christliche Kirche,
Gemeinschaft der Heiligen,
Vergebung der Sünden,
Auferstehung der Toten
und das ewige Leben.*

Amen.

LITURGISCHE GESÄNGE

Du, Gott, bist Herr, der Schöpfer der Welt ○43

1. Du, Gott, bist Herr, der Schöp-fer der Welt,
2. Bist Got-tes Sohn und Mensch Je-sus Christ,
3. Du, Heil-ger Geist, bist zu uns ge-sandt,

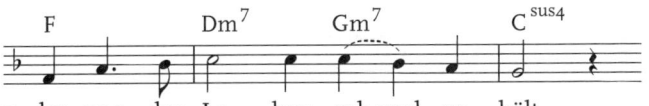

1. der uns das Le-ben gab und er-hält.
2. der uns so nah ge-kom-men ist.
3. trös-tend, be-glei-tend an uns-rer Hand.

1. Der als ein Va-ter uns nie-mals ver-lässt.
2. Du bist, der heu-te noch Wun-der tun kann.
3. Und bis zum En-de der Welt bleibst du hier.

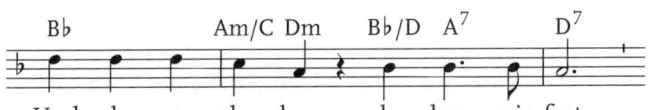

1. Und da-ran glau-ben, glau-ben wir fest.
2. Das macht uns froh, wir glau-ben da-ran.
3. Gott hat's ver-spro-chen, drum glau-ben wir.

(Schluss: D)

1. Und da-ran glau-ben, glau-ben wir fest.
2. Das macht uns froh, wir glau-ben da-ran.
3. Gott hat's ver-spro-chen, drum glau-ben wir.

T UND M: GABRIELE WEISSBACH 2006.
© BEI DER URHEBERIN

44   Wir glauben Gott, die Kraft, die alles schuf

1. Wir glau-ben Gott, die Kraft, die al-les schuf

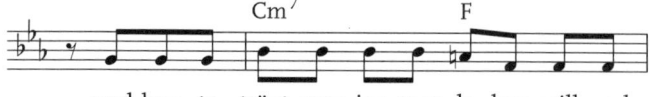
und heu-te trägt, was im-mer le-ben will und

A-tem holt von ihr. Wir trau-en dir.

2. Wir glauben Gott, die Liebe, die verzeiht, / die alles wegnimmt, was uns hindern will, vor Gott aufrecht zu stehn. / Wir trauen dir.

3. Die zu uns kam in unscheinbarem Kleid / und alles heilt, was sich verbogen hat, sich krümmt in seinem Leid. / Wir trauen dir.

4. Wir glauben Gott, der hingemordet starb / und aufersteht, weil Menschenmacht ihn nicht für sich behalten kann. / Wir trauen dir.

5. Wir glauben Gott, der unsern Himmel trägt; / und unser Leben wird auf seiner Bahn dem ewigen gerecht. / Wir trauen dir.

6. Wir glauben Gott, der richtend wiederkommt; / denn neue Freiheit schafft sein Urteilsspruch, Gerechtigkeit und Heil. / Wir trauen dir.

LITURGISCHE GESÄNGE

7. Wir glauben Gott, den Atem, der erhält / und zur Gemeinschaft der Geheiligten uns werden lässt schon hier. / Wir trauen dir.

8. Wir glauben Gott, der uns verwandeln wird, / so dass die Feier, die wir spüren, schon ein Vorgeschmack sein kann. / Wir trauen dir.

T: Esther-Beate Körber 1997/2006.
M: Katharina Kimme-Schmalian 2007.
B: 1. Mose 2,7.

© Strube Verlag GmbH, München-Berlin

45 Vater unser im Himmel, dir gehört unser Leben
Kanon für 3 Stimmen

1. Va-ter un-ser im Him-mel,
2. Je-sus Christ, un-ser Ret-ter,
3. Hei-lger Geist, un-ser Trös-ter,

dir ge-hört un-ser Le-ben,

wir lo - ben dich.

T: Terrye Coelho 1972, deutsch von Gerhard Röckle 1977.
M: Terrye Coelho 1972.

Originaltitel: „Father I adore You" © CCCM Music / Maranatha! Music,
Rechte für D, A, CH: CopyCare Deutschland, D-71087 Holzgerlingen

46 Vater unser im Himmel

Vater unser im Him-mel. Geheiligt wer-de dein Na-me.

Dein Reich kom-me. Dein Wille geschehe, wie im

Himmel, so auf Er-den. Unser tägliches Brot gib uns

heu-te. Und vergib uns unsere Schuld, wie auch wir

LITURGISCHE GESÄNGE

T: Matthäus 6,9–13.
M und S: Ostkirchlich, bearbeitet 1990.

47 Unser Vater
Bist zu uns wie ein Vater

1. Bist zu uns wie ein Vater, der sein Kind nie vergisst. Der trotz all seiner Größe immer ansprechbar ist.

Kehrvers: Vater, unser Vater, alle Ehre deinem Namen! Vater, unser Vater, bis ans Ende der Zeiten, Amen!

2. Deine Herrschaft soll kommen. Das, was du willst, geschehn. / Auf der Erde, im Himmel sollen alle es sehn.

3. Gib uns das, was wir brauchen, gib uns heut unser Brot. / Und vergib uns den Aufstand gegen dich und dein Gebot.

4. Lehre uns zu vergeben, so wie du uns vergibst. / Lass uns treu zu dir stehen, so wie du immer liebst.

5. Nimm Gedanken des Zweifels und der Anfechtung fort. / Mach uns frei von dem Bösen durch dein mächtiges Wort.

6. Deine Macht hat kein Ende, wir vertrauen darauf. / Bist ein herrlicher Herrscher, und dein Reich hört nie auf.

T: Christoph Zehendner 1994.
M: Hans-Werner Scharnowski 1994.
B: Matthäus 6,9 ff.
© Felsenfest Musikverlag, Wesel

TAUFE / TAUFGEDÄCHTNIS

48. Wir danken dir, Herr Jesu Christ, Halleluja, dass du uns Freund geworden bist

Wir danken dir, Herr Jesu Christ,
dass du uns Freund geworden bist,
Halleluja, Halleluja.
Wir sind getauft, gehören dir,
Halleluja,
und Kinder Gottes heißen wir,
Halleluja. Halleluja, Halleluja, Halleluja.

T: Autor unbekannt.
M: Gottes Geschöpfe, kommt zuhauf (EG 514).
B: 1. Johannes 3,1.

TAUFE / TAUFGEDÄCHTNIS

Ein Kind ist angekommen ○49

2. Wir beten für die Eltern. / Sie brauchen das Gebet. / Sie leben alle davon, / dass Gott mit ihnen geht. / Sie leben alle davon, / dass Gott mit ihnen geht.

3. Wir wollen diesem Kinde / recht gute Freunde sein / und laden es mit Freude / in die Gemeinde ein, / und laden es mit Freude in die Gemeinde ein.

4. Wir werden ihm auch sagen, / wie lieb Gott alle hat. / Wir sagen es mit Worten / und sagen's mit der Tat. / Wir sagen es mit Worten / und sagen's mit der Tat.

5. Gott nimmt das Kind beim Taufen / in die Gemeinde auf. / In Jesu Christi Namen / beginnt sein Lebenslauf. / In Jesu Christi Namen / beginnt sein Lebenslauf.

T UND M: KURT ROMMEL 1968.
B: 1. JOHANNES 3,1.
© STRUBE VERLAG GMBH, MÜNCHEN-BERLIN

GOTTESDIENST

50 Das Wasser der Erde wird zum Wasser des Himmels

Kehrvers
1. Das Wasser der Erde wird zum Wasser des Himmels, zum Zeichen der Liebe, die Gott uns geschenkt. Das Wasser der Erde wird zur Quelle des Lebens, ein Zeichen der Hoffnung für jeden Tag.

Strophen
Wasser erfrischt uns, belebt unsre Sinne, gibt Leben dem Körper, schenkt

TAUFE / TAUFGEDÄCHTNIS

Der Kehrvers wird nach jeder Strophe wiederholt.

2. Wasser, es reinigt, wäscht ab, was uns störte; / lässt neu uns erstrahlen in leuchtendem Licht. / Das Zeichen der Taufe das reinigt das Innre. / Das Zeichen der Taufe schließt den Himmel uns auf.

3. Wasser vernichtet, reißt weg, was sich querstellt. / So soll nun vergehen, was uns von Gott trennt. / Das Zeichen der Taufe lässt das Böse verschwinden. / Das Zeichen der Taufe schließt den Himmel uns auf.

4. Wasser gibt Leben, erhält und erneuert, / das können wir spüren, an jedem Tag neu. / Das Zeichen der Taufe führt in Gottes Güte. / Das Zeichen der Taufe schließt den Himmel uns auf.

T UND M: JÜRGEN GROTE 2003.
© BEIM URHEBER

51 Segne dieses Kind

1. Segne dieses Kind und hilf uns, ihm zu helfen, dass es sehen lernt mit seinen eignen Augen: das Gesicht seiner Mutter und die Farben der Blumen und den Schnee auf den Bergen und das Land der Verheißung.

2. Segne dieses Kind und hilf uns, ihm zu helfen, / dass es hören lernt mit seinen eignen Ohren / auf den Klang seines Namens, / auf die Wahrheit der Weisen, / auf die Sprache der Liebe / und das Wort der Verheißung.

3. Segne dieses Kind und hilf uns, ihm zu helfen, / dass es greifen lernt mit seinen eignen Händen / nach der Hand seiner Freunde, / nach Maschinen und Plänen, / nach dem Brot und den Trauben / und dem Land der Verheißung.

4. Segne dieses Kind und hilf uns, ihm zu helfen, / dass es reden lernt mit seinen eignen Lippen / von den Freuden und Sorgen, / von den Fragen der Menschen, / von den Wundern des Lebens / und dem Wort der Verheißung.

5. Segne dieses Kind und hilf uns, ihm zu helfen, / dass es gehen lernt auf seinen eignen Füßen / auf den Straßen der Erde, / auf den mühsamen Treppen, / auf den Wegen des Friedens / in das Land der Verheißung.

Schluss: Segne dieses Kind und hilf uns, ihm zu helfen, / dass es lieben lernt mit seinem ganzen Herzen.

T: LOTHAR ZENETTI 1971. M: KLAUS IRMER 1986.
B: MARKUS 10,13 ff.
© FIDULA VERLAG, BOPPARD/RHEIN

52   Ein neuer Mensch kam auf die Welt

1. Ein neuer Mensch kam auf die Welt.
   Gott hat ihn hier hereingestellt.
   Er ist geworfen in Raum und Zeit.
   Welch Leben hält ihm Gott bereit?

2. Wir wünschen ihm, was auch gescheh,
   dass Gottes Engel mit ihm geh,
   dass Gottes Nähe er verspür
   und seine gute Hand ihn führ.

3. Für dieses Leben danken wir,
   erbitten Gottes Segen hier,
   dass er, der uns schenkt Raum und Zeit,
   zum guten Leben ihn befreit.

T UND M: MARKUS LEIDENBERGER 1998.
© STRUBE VERLAG GMBH, MÜNCHEN-BERLIN

ABENDMAHL

So soll es sein ○53
Wer geweint hat

1. Wer ge-weint hat, wird ge-trös-tet.

O, so soll es sein! Einer sieht den andern in der gro-ßen Run-de.

Kommt, wir tei-len das Brot und den Wein.

2. Wer hier fremd war, findet Freunde. / O, so soll es sein! / Einer sieht den andern in der großen Runde. / Kommt, wir teilen das Brot und den Wein!

T: AUS UGANDA, DEUTSCH VON MARTIN BUCHHOLZ 1998.
M: AUS UGANDA.
B: OFFENBARUNG 21,4.
© DT. T: FELSENFEST MUSIKVERLAG, WESEL

54   Ich bin das Brot

2. Ich bin die Quelle, schenk mich im Wein. / So soll es sein, so soll es sein! / Schöpft aus der Fülle, schenkt allen ein. / So soll es sein, so soll es sein!

3. Nehmt hin das Brot, trinkt von dem Wein. / So soll es sein, so soll es sein! / Wenn ihr das tut, will ich bei euch sein. / So soll es sein, so soll es sein.

T: Clemens Bittlinger 1988. M: David Plüss 1988.
B: vgl. Matthäus 14,13 ff.; Johannes 6,35.
Originaltitel: „So soll es sein".
© T: beim Urheber. © M: creation music david music switzerland, Zofingen

Schmecket und sehet ○55

T: Psalm 34,9. M: Margret Birkenfeld 1977.
© Gerth Medien Musikverlag, Asslar

GOTTESDIENST

56 — Würdig das Lamm

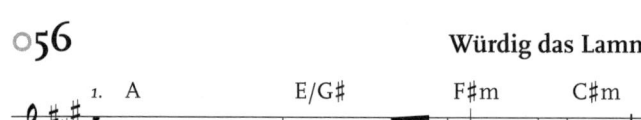

Auch als Kanon für 2 Stimmen zu singen.

T NACH OFFENBARUNG 5,12 UND M: BEAT SCHMID 1985.
© SCM COLLECTION VERLAG, WITTEN

57 — Heut wird gefeiert

ABENDMAHL

Teil A und Teil B können auch gleichzeitig gesungen werden.

T UND M: MARTIN BUCHHOLZ 1998.
B: LUKAS 14,15 ff.
© FELSENFEST MUSIKVERLAG, WESEL

BEICHTE

58 Du hast zum Kind mich angenommen

Das Lied kann auch nach der Melodie "O dass doch bald dein Feuer brennte" (EG 255) gesungen werden.

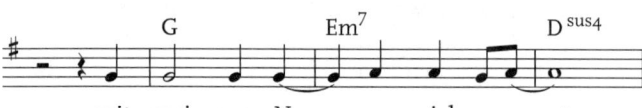

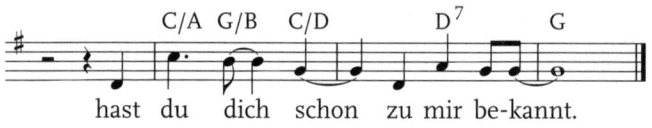

BEICHTE

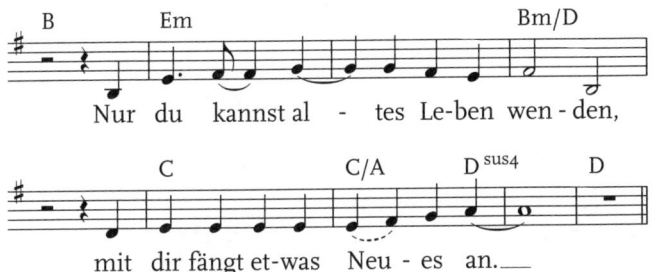

Nur du kannst al - tes Le-ben wen - den, mit dir fängt et-was Neu - es an.

Der Kehrvers wird nach jeder Strophe wiederholt.

2. Du bist für mich am Kreuz gestorben, / weil du um mein Versagen weißt, / du hast Vergebung mir erworben, / versprichst mir deinen Heiligen Geist.

3. Du hast mir heute neu geschworen: / Dein Bund besteht für alle Zeit. / Wenn ich in dir bleib neugeboren, / schenkst du mir deine Ewigkeit.

T: Gisela Kandler 2005. M: Michael Fröhlich 2006.
B: Psalm 139,16; Johannes 3,5.
© Strube Verlag GmbH, München-Berlin

GOTTESDIENST

59   Jesus, zu dir kann ich so kommen, wie ich bin

1. Je-sus, zu dir kann ich so kom-men, wie ich
2. Je-sus, bei dir darf ich mich ge-ben, wie ich

bin. Du hast ge-sagt, dass je-der kom-men darf.
bin. Ich muss nicht mehr als ehr-lich sein vor dir.

Ich muss dir nicht erst be-wei-sen, dass ich
Ich muss nichts vor dir ver-ber-gen, der mich

bes-ser wer-den kann. Was mich bes-ser macht vor
schon so lan-ge kennt. Du siehst, was mich zu dir

dir, ⎯ das hast du längst am Kreuz ge - tan.
zieht, ⎯ und auch, was mich von dir noch trennt.

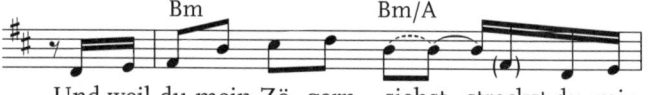

Und weil du mein Zö-gern siehst, streckst du mir
Und so leg ich Licht und Schat-ten mei-nes

dei-ne Hän-de hin, und ich kann so zu dir
Le-bens vor dich hin, denn bei dir darf ich mich

BEICHTE

Je - su Geist, der uns er - fasst.

Der Kehrvers wird nach jeder Strophe wiederholt.

2. Geist, der Heuchelei aufdeckt. / Geist, der unsre Liebe weckt. / Guter Geist, der Hoffnung schenkt. / Jesu Geist, der eint, statt trennt.

3. Geist, der Nebelwände bricht. / Geist, der Klarheit schenkt und Licht. / Guter Geist, auf unserem Weg. / Jesu Geist, der mit uns geht.

T UND M: JÖRN PHILIPP 1997.
© STRUBE VERLAG GMBH, MÜNCHEN-BERLIN

Die Gnade unseres Herrn Jesus Christus
und die Liebe Gottes
und die Gemeinschaft des Heiligen Geistes
sei mit euch allen!

2. Korinther 13,13

TRAUUNG/GEDENKTAGE

61   Gott, unser Festtag ist gekommen

1. Gott, unser Festtag ist gekommen. / Er sei mit allem, was er bringt, / aus deiner guten Hand genommen, / weil ohne dich kein Glück gelingt. / Wir preisen dich, dass du das Fest / der Liebe uns erfahren lässt.

2. Wir wissen, dass von allen Wegen / nicht einer selbstverständlich ist. / Wir danken dir für deinen Segen, / mit dem du uns begegnet bist. / Du hast uns auf so viele Art / bis hier begleitet und bewahrt.

3. Was kommen wird, ist noch verborgen, / wie einer dann zum andern steht. / Wir wissen nicht, wie übermorgen / der Weg des Lebens weitergeht. / Wir bitten dich um deinen Geist, / weil du allein die Richtung weißt.

4. Gott, lass uns füreinander leben, / den andern lieben, wie du liebst. / Und mach uns fähig zu vergeben, / wie du uns täglich neu vergibst. / Sei du der Maßstab und der Halt / und gib dem Wollen auch Gestalt.

5. Lass uns einander, Gott, entdecken / mit Licht und Schatten, Ja und Nein, / zu guten Taten uns erwecken / und auch für andre offen sein. / Gott, breite deine Arme aus / und segne uns Beruf und Haus.

6. Weil wir uns nicht allein gehören, / mach uns für deinen Ruf bereit. / Gib, dass wir dich im Nächsten ehren, / das Ewige schon in der Zeit. / So leben wir zu deinem Ruhm / als dein geliebtes Eigentum.

7. Zuletzt lass uns das Ziel erreichen, / das du den Deinen einmal schenkst: / das Ziel, dem keine Ziele gleichen, / an dem du selber uns empfängst. / So loben wir dich hocherfreut / jetzt und in alle Ewigkeit.

T: Detlev Block 1978/1992.
M: O dass ich tausend Zungen hätte (EG 330).
© T: Vandenhoeck & Ruprecht, Göttingen

62 — Wir haben reichlich Segen erfahren

1. Wir haben reichlich Segen erfahren: Dankbaren Herzens stehen wir hier. Gott, schenkst uns Leben schon viele Jahre! Kennst unsre Wege, offen vor dir!

2. Dank für die Liebe, die du gegeben! / An jedem Tag schenkst du sie uns neu. / Lass uns vertraun im weiteren Leben: / In allen Stürmen bleibst du uns treu.

3. In Christus bist du zu uns gekommen, / hast Eigenliebe ganz klein gemacht, / dafür den Nächsten so angenommen, / dass deine Liebe Liebe entfacht.

4. Gott, schon den Anfang hast du begleitet. / Du gehst den Weg mit uns durch die Zeit. / Wir trauen dem, was du uns bereitest: / Wachsen im Glauben zur Ewigkeit.

T: Silke und Reinhard Lehmann 2005.
M: Morgenlicht leuchtet (EG 455).
© T: Strube Verlag GmbH, München-Berlin

SEGEN/SENDUNG

Segne uns, o Herr   o63

Seg-ne uns, o Herr! Lass leuch-ten dein An-ge-sicht ü-ber uns und sei uns gnä-dig e-wig-lich!

Seg-ne uns, o Herr! Dei-ne En-gel stell um uns! Be-wah-re uns in dei-nem Frie-den e-wig-lich!

T NACH 4. MOSE 6,24–26
UND M: KOMMUNITÄT GNADENTHAL.

© PRÄSENZ-VERLAG, GNADENTHAL

SEGEN/SENDUNG

Der Kehrvers wird nach jeder Strophe wiederholt.

2. In die Schuld der Welt / hast du uns gestellt, / um vergebend zu ertragen, / dass man uns verlacht, / uns zu Feinden macht, / dich und deine Kraft verneint.

3. In den Streit der Welt / hast du uns gestellt, / deinen Frieden zu verkünden, / der nur dort beginnt, / wo man, wie ein Kind, / deinem Wort Vertrauen schenkt.

4. In das Leid der Welt / hast du uns gestellt, / deine Liebe zu bezeugen. / Lass uns Gutes tun / und nicht eher ruhn, / bis wir dich im Lichte sehn.

5. Nach der Not der Welt, / die uns heute quält, / willst du deine Erde gründen, / wo Gerechtigkeit / und nicht mehr das Leid / deine Jünger prägen wird.

T UND M: PETER STRAUCH 1978.
B: JOHANNES 17,18 ff.
© HÄNSSLER VERLAG, D-71087 HOLZGERLINGEN

SEGEN/SENDUNG

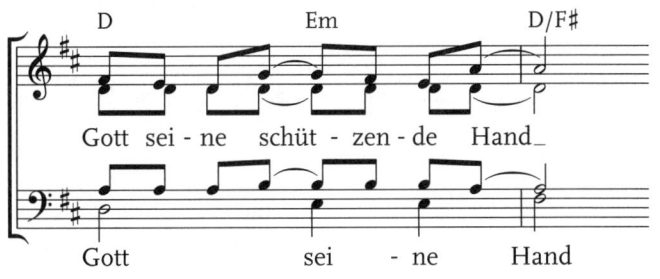

T: Altirischer Segenswunsch,
deutsche Fassung mündlich überliefert.
M und S: Günter Schwarze 1987.
© Strube Verlag GmbH, München-Berlin

66 Geh unter der Gnade

SEGEN/SENDUNG

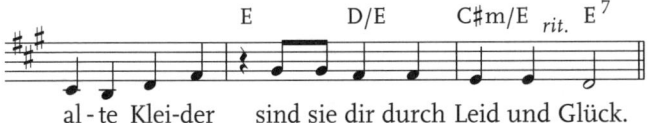

al - te Klei-der sind sie dir durch Leid und Glück.

Der Kehrvers wird nach jeder Strophe wiederholt.

2. Neue Stunden, neue Tage – zögernd nur steigst du hinein. / Wird die neue Zeit dir passen? Ist sie dir zu groß, zu klein?

3. Gute Wünsche, gute Worte wollen dir Begleiter sein. / Doch die besten Wünsche münden alle in den einen ein:

T UND M: MANFRED SIEBALD 1987.
© HÄNSSLER VERLAG, D-71087 HOLZGERLINGEN

Der HERR segne dich und behüte dich;
der HERR lasse sein Angesicht leuchten über dir
und sei dir gnädig;
der HERR hebe sein Angesicht über dich und gebe dir Frieden.
4. Mose 6, 24 – 26

GOTTESDIENST

67 — Viele kleine Leute
Kanon für 3 Stimmen

1. Viele kleine Leute an vielen kleinen Orten, die viele kleine Schritte tun,
2. können das Gesicht der Welt verändern, können nur zusammen das Leben bestehn.
3. Gottes Segen soll sie begleiten, wenn sie ihre Wege gehn.

T: Afrikanisches Sprichwort. M: Bernd Schlaudt um 1985.
© beim Urheber

68 — Friede sei mit dir

Kehrvers

Friede, Friede, Friede sei mit dir.

SEGEN/SENDUNG

Friede, Friede, Friede sei mit dir.

Strophen

1. Nicht jenes Warten, wenn die Waffen schweigen,

wenn sich noch Furcht mit Hass die Waage hält,

wenn sich Verlierer vor den Siegern beugen:

nicht der Friede dieser Welt.

Der Kehrvers wird nach jeder Strophe wiederholt.

2. Nicht jene Stille, die den Tod verkündet, / da, wo es früher einmal Leben gab, / wo man kein Wort und keine Tat mehr findet: / nicht die Stille überm Grab.

3. Der tiefe Friede, den wir nicht verstehen, / der wie ein Strom in unser Leben fließt, / der Wunden heilen kann, die wir nicht sehen, / weil es Gottes Friede ist.

4. Der Friede Gottes will in dir beginnen, / du brauchst nicht lange, bis du es entdeckst: / was Gott in dich hineinlegt, bleibt nicht innen – / Friede, der nach außen wächst.

T UND M: MANFRED SIEBALD 1975.
B: vgl. RICHTER 6,23.

© HÄNSSLER VERLAG, D-71087 HOLZGERLINGEN

69 Zeichen der Liebe
Seid fröhlich in der Hoffnung

Seid fröh-lich in der Hoff-nung, be-harr-lich

im Ge-bet, stand-haft in al-ler Be-dräng-nis.

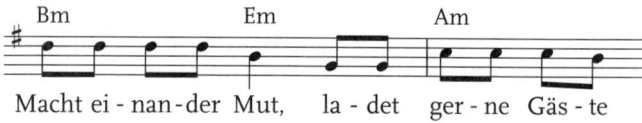
Macht ei-nan-der Mut, la-det ger-ne Gäs-te

ein. Zeigt es al-len, dass Je-sus sie liebt.

1. Eu-er Le-ben wird ein Zei-chen der

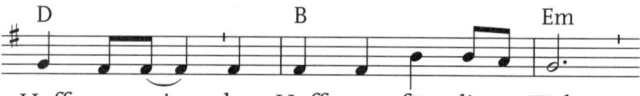
Hoff-nung sein, der Hoff-nung für die-se Welt,

weil Je-sus vom Tod auf-er-stan-den ist

und sie in den Hän-den hält.

SEGEN/SENDUNG

Der Kehrvers wird nach jeder Strophe wiederholt.

2. Euer Beten wird ein Ausdruck des Dienens sein, / des Dienens in dieser Welt, / weil Gott euer Vater im Himmel ist, / bei dem jede Bitte zählt.

3. Euer Leiden wird ein Zeugnis des Glaubens sein, / des Glaubens trotz dieser Welt, / weil Jesus, der selber gelitten hat, / sich treu zu den Seinen stellt.

4. Euer Helfen wird ein Zeichen der Liebe sein, / der Liebe zu dieser Welt. / Um Boten in Worten und Tat zu sein, / hat Jesus euch auserwählt.

T UND M: DIETHELM STRAUCH 1990.
B: RÖMER 12,12.
© GERTH MEDIEN MUSIKVERLAG, ASSLAR

Seid fröhlich in Hoffnung, geduldig in Trübsal,
beharrlich im Gebet.
Nehmt euch der Nöte der Heiligen an.
Übt Gastfreundschaft.
Segnet, die euch verfolgen;
segnet und flucht nicht.
Freut euch mit den Fröhlichen
und weint mit den Weinenden.

Römer 12, 12–15

CHRISTEN UND JUDEN

70   Israel und Christenheit

1. Is-ra-el und Chris-ten-heit, wir ge-hö-ren doch zu-sam-men, weil wir, wie ein Baum ge-deiht, aus den glei-chen Wur-zeln stam-men.

2. Israel, zuerst erwählt, / geht auf eignen festen Straßen. / Wir auch sind hinzugezählt / und berufen gleichermaßen.

3. Jesus hat den Väterbund / auf uns alle ausgeweitet / und dem ganzen Erdenrund / einen Weg zu Gott bereitet.

4. Die Erwählung bleibt bestehn: / Israel trägt Gottes Gnade, / und wir Christen dürfen gehen / auf dem besten aller Pfade.

5. Gottes Volk sind diese zwei, / sie das alte, wir das neue. / Gott, der Herr, steht beiden bei / in Geduld und großer Treue.

6. Israel bewahrt sein Licht / aus dem frühen Heilsgeschehen. / Gott, der Herr, verlässt es nicht, / denn sein Bund wird fortbestehen.

7. Liebe, die es anfangs war, / wurde bei uns Christen kälter. / Wir sind ein Geschwisterpaar, / aber Israel ist älter.

8. Brüder haben sich entzweit, / konnten sich nicht mehr verstehen. / Heute ist es an der Zeit, / aufeinander zuzugehen.

9. Gang in Gottes Reich ist weit, / drum bleibt alle wach und rege! / Israel und Christenheit / sind noch beide auf dem Wege.

10. Mach uns beide, Herr, bereit, / Botschaft in die Welt zu tragen, / einst in Gottes Herrlichkeit / ewig lob- und dankzusagen.

T: Wolfram Böhme 2002. M: Erhard Franke 2007.
© Strube Verlag GmbH, München-Berlin

71 Hineh ma tov uma naim / Schön ist's, wenn Schwestern und Brüder
Kanon für 2 Stimmen

T: nach Psalm 133,1; deutsch von Dieter Trautwein 1987.
M: aus Israel.

© dt. T: Strube Verlag GmbH, München-Berlin

2. Und alle Völker strömen hin zu ihm, / und viele Nationen / machen von allen Enden her sich auf, / und sie sprechen zueinander:

3. Recht sprechen wird den Völkern dann der Herr / und ihnen Weisung geben. / Die Völker sammeln ihre Schwerter ein, / um zu Pflügen sie zu schmieden.

4. Dann wird kein Volk mehr aufstehn mit dem Schwert / gegen die andern Völker. / Und niemand wird erlernen mehr den Krieg. / Frieden herrscht an jedem Orte.

5. An jenem Tage will ich, spricht der Herr, / sammeln die Weitversprengten, / ebnen will ich die Wege für mein Volk, / das ich selber führen werde.

6. Ausgießen will ich über alles Fleisch / von meinem Heilgen Geiste, / geb allen Menschen dann ein neues Herz, / dass sie mich erkennen mögen.

T: Michel Scouarnec (nach Micha 4 / Joel und Jeremia) 1973, deutsch nach Hubertus Tommek 1974, überarbeitet 2007. M: Jo Akepsimas 1973.
B: Micha 4,1 ff.; Joel 3,1; Hesekiel 36,26.
© T: Butzon & Bercker, Kevelaer. © M: Editions Musicales Studio SM, Paris

73 — Wir haben Gottes Spuren festgestellt

CHRISTEN UND JUDEN

2. Blühende Bäume haben wir gesehn, / wo niemand sie vermutet, / Sklaven, die durch das Wasser gehn, / das die Herren überflutet.

3. Bettler und Lahme sahen wir beim Tanz, / hörten, wie Stumme sprachen, / durch tote Fensterhöhlen kam ein Glanz, / Strahlen, die die Nacht durchbrachen.

T: Michel Scouarnec 1973, deutsch von Diethard Zils 1978.
M: Jo Akepsimas 1973.
B: 5. Mose 29,2; Jesaja 35,5 f.

© T: tvd-Verlag, Düsseldorf. © M: Editions Musicales Studio SM, Paris

GLAUBE
LIEBE
HOFFNUNG

LOB UND DANK

Kommt in sein Tor 74

Kommt in sein Tor mit dank-ba-rem Her-zen,
kommt in den Vor-hof mit Lob-ge-sang! sang!
Er-freut euch am Herrn, un-se-rem Schöp-fer,
er-freut euch am Herrn, dem Va-ter des Lichts,
er-freut euch am Herrn, uns-erm Er-ret-ter,
er-freut euch am Herrn, dem e-wi-gen Gott!

T: NACH PSALM 100,4; NINA LEE HOPPER (ENGLISCH) 1974.
AGAPE-GEMEINSCHAFT MÜNCHEN (DEUTSCH).
M: NINA LEE HOPPER 1974.
ORIGINALTITEL: „ENTER INTO HIS GATES"
© PSALM OF LIFE, USA; FÜR D, A, CH: HÄNSSLER-VERLAG, D-71087 HOLZGERLINGEN

GLAUBE – LIEBE – HOFFNUNG

75   Singt dem Herrn und lobt ihn

1. Der dir alle deine Sünden
2. Er geht nicht mit uns um, wie wir es
3. Der dich annimmt, wenn du dein Leben
4. Er macht reich jedermann, der zu ihm

LOB UND DANK

1. ver-gibt, der dei-ne Schuld dir nimmt,
2. ver-dient, ver-gilt nicht un-se-re Schuld, nein, er
3. ihm gibst, der dir die Treu-e hält,
4. ge-hört, gibt neu-e Kraft dem, der vor

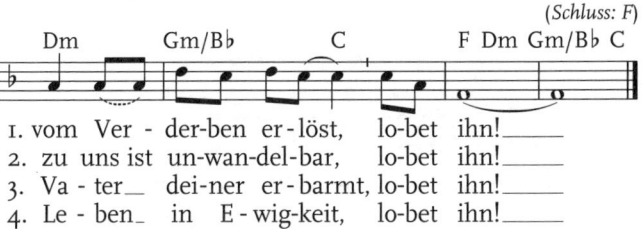

1. weil er dich liebt, und der dein Le-ben
2. hat sie ge-sühnt, und sei-ne Lie-be
3. wenn du ihn liebst, und der sich wie ein
4. Är-ger ver-zehrt, ver-leiht ein neu-es

1. vom Ver-der-ben er-löst, lo-bet ihn!
2. zu uns ist un-wan-del-bar, lo-bet ihn!
3. Va-ter dei-ner er-barmt, lo-bet ihn!
4. Le-ben in E-wig-keit, lo-bet ihn!

T: NACH PSALM 96,2; PSALM 103. M: DIE MESSENGERS.
© SCM COLLECTION VERLAG, WITTEN

GLAUBE – LIEBE – HOFFNUNG

76 Lobe den Herrn! Sing ihm dein Lied!

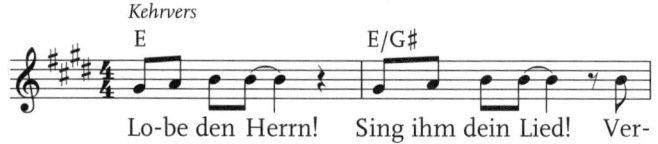

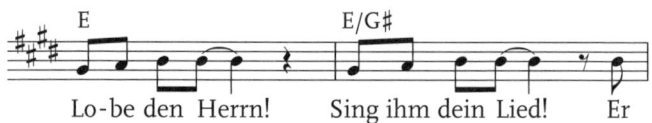

LOB UND DANK

dich krönt mit Barm-her-zig-keit.

Der Kehrvers wird nach jeder Strophe wiederholt.

an. Er ist der Kö-nig, be-te ihn an.

Er ist der Kö-nig, be-te ihn an.

2. Der dich fröhlich singen lässt; / du wirst wieder jung wie ein Adler. / Er zeigt dir den richtigen Weg / und schafft dir Gerechtigkeit.

3. So hoch, wie der Himmel sich hebt, / lässt er seine Gnade erstrahlen. / Barmherzig und gnädig ist er / und ist wie ein Vater zu dir.

T UND M: WERNER ARTHUR HOFFMANN 1991.
B: PSALM 103; PSALM 47.
© GERTH MEDIEN MUSIKVERLAG, ASSLAR

GLAUBE – LIEBE – HOFFNUNG

77 Lobe den Herrn, meine Seele
Kehrvers als Kanon für 2 Stimmen

LOB UND DANK

Der Kehrvers wird nach jeder Strophe wiederholt.

2. Der mich im Leiden getröstet hat, / der meinen Mund wieder fröhlich macht, / den will ich preisen mit Psalmen und Weisen, / von Herzen ihm ewiglich singen:

3. Der mich vom Tode errettet hat, / der mich behütet bei Tag und Nacht, / den will ich preisen mit Psalmen und Weisen, / von Herzen ihm ewiglich singen:

4. Der Erd und Himmel zusammenhält, / unter sein göttliches Jawort stellt, / den will ich preisen mit Psalmen und Weisen, / von Herzen ihm ewiglich singen:

T nach Psalm 103 und M: Norbert Kissel 1987.
© Hänssler Verlag, D-71087 Holzgerlingen

78 Dankt dem Herrn

LOB UND DANK

Der Kehrvers wird nach jeder Strophe wiederholt.

2. Dankt dem Herrn, denn er half Israel! / Seine Liebe hört niemals auf! / Dankt dem Herrn, er hat sein Volk befreit! / Seine Liebe hört niemals auf! / Dankt dem Herrn, er führte aus der Not! / Seine Liebe hört niemals auf!

3. Dankt dem Herrn, er denkt auch jetzt an uns! / Seine Liebe hört niemals auf! / Dankt dem Herrn, weil er noch heute hilft! / Seine Liebe hört niemals auf! / Dankt dem Herrn, weil er uns nie vergisst! / Seine Liebe hört niemals auf!

T: Katrin Paul nach Psalm 136, 1994.
M: Wolfgang Tost 1994.
© MIGU MUSIC, Worms

GLAUBE – LIEBE – HOFFNUNG

79   Ich lobe meinen Gott, der aus der Tiefe mich holt

1. Ich lo-be mei-nen Gott, der aus der Tie-fe mich holt, da-mit ich le-be.
2. Ich lo-be mei-nen Gott, der mir den neu-en Weg weist, da-mit ich hand-le.
3. Ich lo-be mei-nen Gott, der mei-ne Trä-nen trock-net, dass ich la-che.

1. Ich lo-be mei-nen Gott, der mir die Fes-seln löst, da-mit ich frei bin.
2. Ich lo-be mei-nen Gott, der mir mein Schwei-gen bricht, da-mit ich re-de.
3. Ich lo-be mei-nen Gott, der mei-ne Angst ver-treibt, da-mit ich at-me.

Eh-re sei Gott auf der Er-de in al-len Stra-ßen und Häu-sern, die Men-schen wer-den sin-gen bis das Lied zum Him-mel steigt:

LOB UND DANK

Eh-re sei Gott und den Men-schen Frie-den,
Eh-re sei Gott und den Men-schen Frie-den,
Frie-den auf Er - den!

T: Hans-Jürgen Netz 1979. M: Christoph Lehmann 1979.
B: Psalm 71,20.
© TVD-Verlag, Düsseldorf

Dass du mich einstimmen lässt ○80

Kehrvers

Dass du mich ein-stim-men lässt in dei-nen
Ju-bel, o Herr, dei-ner En-gel und himm-li-schen
Hee-re, das er-hebt mei-ne See-le zu dir, o mein
Gott; gro-ßer Kö-nig, Lob sei dir und Eh - re!

Strophen siehe nächste Seite

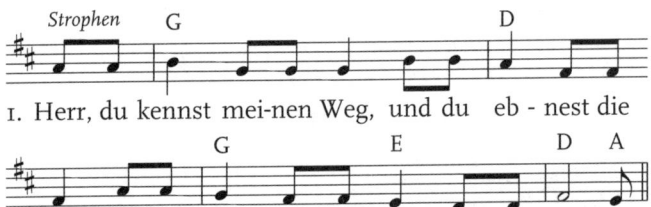

1. Herr, du kennst meinen Weg, und du ebnest die Bahn, und du führst mich den Weg durch die Wüste.

Der Kehrvers wird nach jeder Strophe wiederholt.

2. Herr, du reichst mir das Brot, / und du reichst mir den Wein / und du bleibst selbst, Herr, mein Begleiter.

3. Und nun zeig mir den Weg, / und nun führ mich die Bahn, / deine Liebe zu verkünden!

4. Herr, ich dank dir, mein Gott, / und ich preise dich, Herr, / und ich schenke dir mein Leben!

T UND M: KOMMUNITÄT GNADENTHAL 1976.
B: 2. MOSE 16.
© PRÄSENZ-VERLAG, GNADENTHAL

81 Unser Lied soll ein Lob für dich sein

LOB UND DANK

und Ak-kor-de sol-len dir die Eh - re ge - ben.

Strophen

1. Je - sus, dir sin - gen wir. Wir stehn vor dei - nem Thron. Je - sus, dir sin - gen wir, Je - sus, Got - tes Sohn.

Der Kehrvers wird nach jeder Strophe wiederholt.

2. Jesus, dich ehren wir. / Wir stehn vor deinem Thron. / Jesus, dich ehren wir, / Jesus, Gottes Sohn.

3. Jesus, Anbetung dir. / Wir stehn vor deinem Thron. / Jesus, Anbetung dir, / Jesus, Gottes Sohn.

4. Jesus, dich lieben wir. / Wir stehn vor deinem Thron. / Jesus, dich lieben wir, / Jesus, Gottes Sohn.

5. Jesus, dich loben wir. / Wir stehn vor deinem Thron. / Jesus, dich loben wir, / Jesus, Gottes Sohn.

T: Marion Schäl 2001. M: Gilbrecht Schäl 2001.
B: Offenbarung 5,13.

© Gerth Medien Musikverlag, Asslar

82 Gott, dir sei Dank für meines Lebens Zeit

2. Gott, dir sei Dank für dieser Erde Brot, / für freien Raum, für Weisung und Gebot. / Du gabst mir Kraft, du halfst mir in der Not. / Halleluja, Halleluja!

3. Gott, dir sei Dank für dein gewisses Ja, / das zu mir sprach als ich nur Dunkel sah. / In Freud und Leid warst du mir immer nah. / Halleluja, Halleluja!

4. Gott, dir sei Dank für Menschen, die ich fand, / die meinen Weg geteilt, mich Freund genannt. / Ich dank dir, Gott, du hast sie mir gesandt. / Halleluja, Halleluja!

5. Gott, dir sei Dank für jeden neuen Tag, / den du noch schenkst mit seiner Lust und Plag. / Du bist bei mir, was immer kommen mag. / Halleluja, Halleluja!

T: WALTER KLAIBER 2000.
M: HERR, MACH UNS STARK (EG 154).
© T: BEIM URHEBER. © M: OXFORD UNIVERSITY PRESS, OXFORD

CHRISTUS – DIE MITTE

Wir nehmen Heil aus deiner Hand 83

1. Wir nehmen Heil aus deiner Hand seit deinem Kreuz und Sterben. Dein Tod versöhnt, dein Leben heilt: Wir erben.

2. Wir erben Licht aus deiner Hand, / der Himmel steht schon offen. / Der Zuspruch stärkt, die Taufe heilt: / Wir hoffen.

3. Wir finden Kraft in deiner Hand / und lernen von dir leben. / Die Freiheit liebt, die Liebe heilt: / Wir geben.

4. Wir geben uns in deine Hand, / aus Glauben wächst Vertrauen. / Die Zukunft reicht, die Gnade heilt: / Wir schauen.

T: Lothar Petzold 1985. M: Lothar Graap 1985.
© Strube Verlag GmbH, München-Berlin

GLAUBE – LIEBE – HOFFNUNG

84 Ein Lied zu Jesus Christus
Du bist vorbeigegangen

1. Du bist vorbeigegangen, / Stichflamme in der Nacht, / In Fetzen hängt dein Wort / um unsre alte Welt; / in Funken hat dein Name / Herzaugen uns entfacht. / wir leben in dir fort, / so bist du unser Kleid.

2. Du bist vorbeigegangen, / Fußspur hin durch den See. / Du bist zu weit gegangen, / du bist ein Mensch zu viel. / Du bist für immer da, / verborgen ganz in Gott. / Kein Schweigen spricht dich aus, / undenkbar ist dein Tod.

3. Du bist vorbeigegangen, / Gesicht, bekannt und fremd, / ein Stück aus unserm Leben, / ein Lichtschein und ein Freund. / Dein Licht in meinem Blut, / mein Leib, das ist dein Tag, / ich hoffe auf dich zu, / solang ich leben mag.

T: HUUB OOSTERHUIS, DEUTSCH VON ALEX STOCK 1987.
M: BEI JEAN TABOUROT 1589.
B: 2. MOSE 33,12 ff.; MARKUS 6,48.
© DT. T.: BEIM URHEBER

Gott liebt die Welt mit ihrer Schuld

2. Gott wird ein Mensch wie du und ich. / Gott wird ein Mensch, erniedrigt sich. / Weil sich der Mensch nicht menschlich gibt, / wird Gott ein Mensch, der alle liebt.

3. Gott kommt im Wort, / das Leben birgt. / Gott kommt im Wort, das Frieden wirkt. / Im Menschenwort ist Gott verhüllt, / Gott kommt im Wort, das sich erfüllt.

T: Dieter Frettlöh vor 1985. M: Gilbrecht Schäl 2006.
B: Johannes 1,1 ff.

© T: Verlag Singende Gemeinde, Wuppertal.
© M: Strube Verlag GmbH, München-Berlin

GLAUBE – LIEBE – HOFFNUNG

86 Jesu, meine Freude, meines Herzens Weide, Jesu, wahrer Gott

2. Du warst eingemauert; / du hast überdauert / Lager, Bann und Haft. / Bist nicht totzukriegen; / niemand kann besiegen / deiner Liebe Kraft. / Wer dich foltert und erschlägt, / hofft auf deinen Tod vergebens, / Samenkorn des Lebens.

3. Jesu, Freund der Armen, / groß ist dein Erbarmen / mit der kranken Welt. / Herrscher gehen unter, / Träumer werden munter, / die dein Licht erhellt. / Und wenn ich ganz unten bin, / weiß ich dich an meiner Seite, / Jesu meine Freude.

T: GERHARD SCHÖNE 1990. M: JESU, MEINE FREUDE (EG 396).
B: PSALM 73,28.

© T: BUSCHFUNK MUSIKVERLAG

Stimme, die Stein zerbricht

2. Sprach schon vor Nacht und Tag, / vor meinem Nein und Ja, / Stimme, die alles trägt: / Hab keine Angst, ich bin da.

3. Bringt mir, wo ich auch sei, / Botschaft des Neubeginns, / nimmt mir die Furcht, macht frei, / Stimme, die dein ist: Ich bin's!

4. Wird es dann wieder leer, / teilen die Leere wir. / Seh dich nicht, hör nichts mehr – / und bin nicht bang: Du bist hier.

T: Anders Frostenson 1971, deutsch von Jürgen Henkys.
M: Trond Kverno 1971.
B: Markus 6,50.

© dt. T: Strube Verlag GmbH, München-Berlin © M: Norsk Musikforlag, Oslo.

GLAUBE – LIEBE – HOFFNUNG

88   Du bist

Kehrvers

Du bist der Weg und die Wahrheit und das Leben. Wer dir Vertrauen schenkt, für den bist du das Licht. Du willst ihn leiten und ihm wahres Leben geben, ewiges Leben, wie dein Wort es verspricht. Du willst ihn leiten und ihm wahres Leben geben, ewiges Leben, wie dein Wort es verspricht.

CHRISTUS – DIE MITTE

1. Das Brot bist du für den, der Lebenshunger hat. Und wenn er zu dir kommt, machst du ihn wirklich satt.

Der Kehrvers wird nach jeder Strophe wiederholt.

2. Die Tür bist du für den, der an sich selbst verzagt. / Du machst ihn frei, wenn er ein Leben mit dir wagt.

3. Der Hirte bist du dem, den Lebensangst verwirrt: / Begleitest ihn nach Haus, dass er sich nicht verirrt.

4. Der Weinstock bist du dem, der Kraft zum Leben sucht. / Wenn er ganz bei dir bleibt, dann bringt er gute Frucht.

T: CHRISTOPH ZEHENDNER 1990. M: JOHANNES NITSCH 1990.
B: JOHANNES 14,6; 6,35; 10,9; 10,11; 15,5.

© HÄNSSLER VERLAG, D-71087 HOLZGERLINGEN

GLAUBE – LIEBE – HOFFNUNG

89 Anker in der Zeit
Es gibt bedingungslose Liebe

1. Es gibt be-din-gungs-lo-se Lie-be,

die al-les trägt und nie ver-geht,

und un-er-schüt-ter-li-che Hoff-nung,

die je-den Test der Zeit be-steht.

Es gibt ein Licht, das uns den Weg weist,

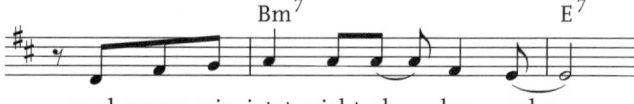
auch wenn wir jetzt nicht al-les sehn.

Es gibt Ge-wiss-heit uns-res Glau-bens,

auch wenn wir man-ches nicht ver-stehn.

CHRISTUS – DIE MITTE

2. Es gibt Versöhnung selbst für Feinde / und echten Frieden nach dem Streit, / Vergebung für die schlimmsten Sünden, / ein neuer Anfang jederzeit. / Es gibt ein ewges Reich des Friedens, / in unsrer Mitte lebt es schon: / ein Stück vom Himmel hier auf Erden / in Jesus Christus, Gottes Sohn.

3. Es gibt die wunderbare Heilung, / die letzte Rettung in der Not. / Und es gibt Trost in Schmerz und Leiden, / ewiges Leben nach dem Tod. / Es gibt Gerechtigkeit für alle, / für unsre Treue ewgen Lohn. / Es gibt ein Hochzeitsmahl für immer / mit Jesus Christus, Gottes Sohn.

T UND M: ALBERT FREY 2000.
B: RÖMER 5,8; JOHANNES 1,5; 8,12.

© HÄNSSLER-VERLAG, D-71087 HOLZGERLINGEN, FÜR IMMANUEL MUSIC, RAVENSBURG

ANGST UND VERTRAUEN

90   Aus der Tiefe rufe ich zu dir

1. Aus der Tiefe rufe ich zu dir: Herr, höre meine Klagen, aus der Tiefe rufe ich zu dir: Herr, höre meine Fragen.

2. Aus der Tiefe rufe ich zu dir: / Herr, öffne deine Ohren, / aus der Tiefe rufe ich zu dir: / Ich bin hier ganz verloren.

3. Aus der Tiefe rufe ich zu dir: / Herr, achte auf mein Flehen, / aus der Tiefe rufe ich zu dir: / Ich will nicht untergehen.

4. Aus der Tiefe rufe ich zu dir: / Nur dir will ich vertrauen, / aus der Tiefe rufe ich zu dir: / Auf dein Wort will ich bauen.

T: Uwe Seidel 1981. M: Oskar Gottlieb Blarr 1981.
B: Psalm 130,1 f.
© TVD-Verlag, Düsseldorf

ANGST UND VERTRAUEN

Meine engen Grenzen 91

1. Meine engen Grenzen, meine kurze Sicht bringe ich vor dich.
2. Meine ganze Ohnmacht, was mich beugt und lähmt, bringe ich vor dich.
3. Mein verlornes Zutraun, meine Ängstlichkeit bringe ich vor dich.
4. Meine tiefe Sehnsucht nach Geborgenheit bringe ich vor dich.

1. Wandle sie in Weite. Herr, erbarme dich.
2. Wandle sie in Stärke. Herr, erbarme dich.
3. Wandle sie in Wärme. Herr, erbarme dich.
4. Wandle sie in Heimat. Herr, erbarme dich.

T: Eugen Eckert 1981. M: Winfried Heurich 1981.
© Studio Union im Lahn Verlag, Kevelaer

GLAUBE – LIEBE – HOFFNUNG

92 Gott hört dein Gebet
Wenn die Last der Welt dir zu schaffen macht

2. Wenn du kraftlos bist und verzweifelt weinst, / hört er dein Gebet. / Wenn du ängstlich bist und dich selbst verneinst, / hört er dein Gebet.

3. Wenn die Menschheit vor ihrem Ende steht, / hört er dein Gebet. / Wenn die Sonne sinkt und die Welt vergeht, / hört er dein Gebet.

T: Mark Heard 1983, deutsch von Christoph Zehendner 1987. M: Mark Heard 1983.
B: Römer 8,15.

Originaltitel: „He will listen to you". © Word Music LLC;
Rechte für D, A, CH: CopyCare Deutschland, D-71087 Holzgerlingen

*Denn ihr habt nicht einen knechtischen Geist empfangen,
dass ihr euch abermals fürchten müsstet;
sondern ihr habt einen kindlichen Geist empfangen,
durch den wir rufen: Abba, lieber Vater!*

Römer 8,15

93 Zünde an dein Feuer

Strophen

1. Zün-de an dein Feu-er, Herr, im Her-zen mir, hell mög es bren-nen, lie-ber Hei-land, dir.
Was ich bin und ha-be, soll dein Ei-gen sein. In dei-ne Hän-de schlie-ße fest mich ein.

Kehrvers

Quel-le des Le-bens und der Freu-de Quell,
du machst das Dun-kel mei-ner See-le hell.
Du hörst mein Be-ten, hilfst aus al-ler Not,
Je-sus, mein Hei-land, mein Herr und Gott.

2. Wollest mich bewahren, wenn der Satan droht. / Du bist der Retter, Herr, von Sünd und Tod. / In der Weltnacht Dunkel leuchte mir als Stern, / Herr, bleibe bei mir, sei mir niemals fern.

3. Bald wird uns leuchten Gottes ewges Licht. / Freue dich, Seele, und verzage nicht! / Lass die Klagen schweigen, wenn das Lied erschallt / fröhlichen Glaubens: Unser Herr kommt bald.

> T: Berta Schmidt-Eller vor 1961.
> M: Naphtali Zwi Imber um 1880.
>   Melodie der Nationalhymne Isreals
> B: Psalm 36,10; Johannes 16,24.
> © T: Hänssler Verlag, D-71087 Holzgerlingen

Bei dir ist die Quelle des Lebens
und in deinem Lichte sehen wir das Licht.

Psalm 36,10

ANGST UND VERTRAUEN

1. wenn man euch ganz vergisst:
2. ich bin bei euch in der Not.
3. denn da ist Gottes Reich.

Der Kehrvers wird nach jeder Strophe wiederholt.

T UND M: LOTHAR SCHELLENBERG.
B: MATTHÄUS 28,20.
© BEIM URHEBER

Du verwandelst meine Trauer in Freude ○95
Kanon für 2 Stimmen

1. Du ver-wan-delst mei-ne Trau-er in Freu-de.
Du ver-wan-delst mei-ne Ängs-te in Mut.
2. Du ver-wan-delst mei-ne Sor-ge in Zu-ver-sicht.
Gu-ter Gott! Du ver-wan-delst mich.

T: GRUPPE LITURGIE. M: BERND SCHLAUDT UM 1985.
B: JEREMIA 31,13.
© BEI DEN URHEBERN

096

Ich danke dir, mein Gott

Du hast mir so oft neuen Mut gegeben

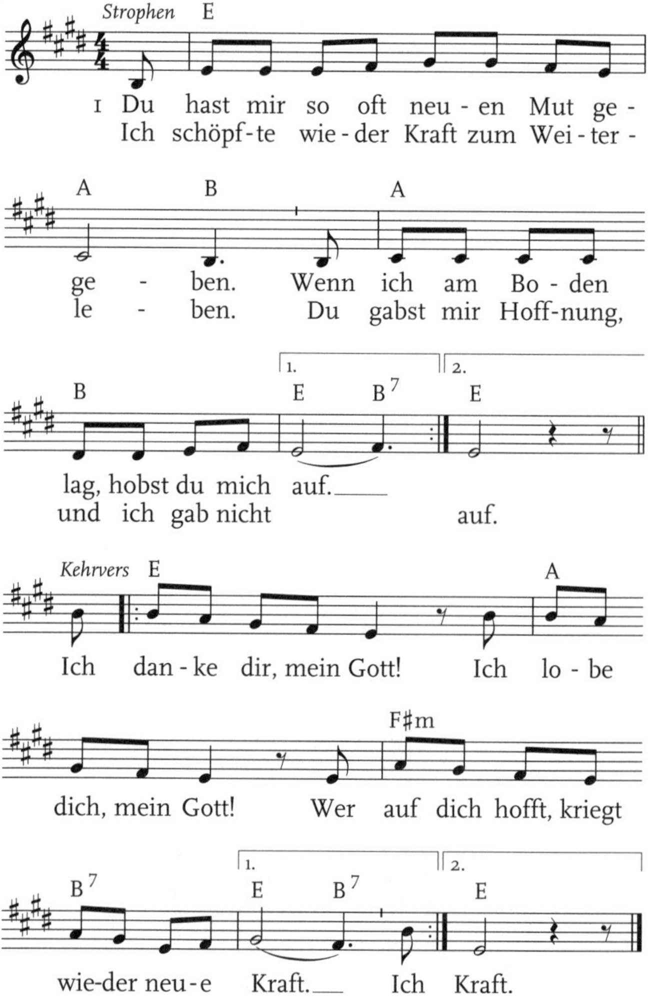
Strophen
E
1 Du hast mir so oft neu - en Mut ge -
Ich schöpf-te wie - der Kraft zum Wei - ter -
A B A
ge - ben. Wenn ich am Bo - den
le - ben. Du gabst mir Hoff-nung,
1. 2.
B E B7 E
lag, hobst du mich auf.
und ich gab nicht auf.
Kehrvers E A
Ich dan - ke dir, mein Gott! Ich lo - be
F♯m
dich, mein Gott! Wer auf dich hofft, kriegt
1. 2.
B7 E B7 E
wie-der neu - e Kraft. Ich Kraft.

2. Wenn sich vor meinen Augen alles drehte, / dann war dein Wort ein fester Halt für mich. / Du hörtest mich, wenn ich um Hilfe flehte, / und Wege aus der Angst fand ich durch dich.

3. Du trugst mich auch, wenn Traurigkeit mich drückte, / und wischtest mir die Tränen vom Gesicht. / Du warst mein Trost, wenn mir kein Schritt mehr glückte. / In meiner Nacht erkannte ich dein Licht.

T: Theo Lehmann / Jörg Swoboda 1990.
M: Jörg Swoboda 1990.
B: Jesaja 40,31.
© Hänssler Verlag, D-71087 Holzgerlingen

Die auf den Herrn harren, kriegen neue Kraft,
dass sie auffahren mit Flügeln wie Adler,
dass sie laufen und nicht matt werden,
dass sie wandeln und nicht müde werden.

Jesaja 40,31

GLAUBE – LIEBE – HOFFNUNG

97   Seid nicht bekümmert

Seid nicht be-küm-mert, seid nicht be-küm-mert,

denn die Freu - de am Herrn ist eu - re Stär - ke!

Seid nicht be-küm-mert, seid nicht be - küm-mert,

denn die Freu - de am Herrn ist eu - re Kraft!

1. Je - sus, der auf - er - stan-de - ne Herr,

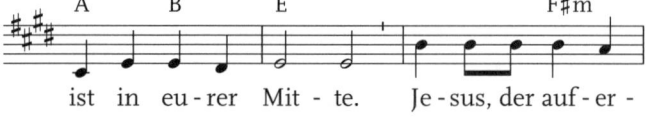

ist in eu - rer Mit - te. Je - sus, der auf - er -

stan-de-ne Herr, er ist un - ter euch.

ANGST UND VERTRAUEN

Der Kehrvers wird nach jeder Strophe wiederholt.

2. Jesus, der auferstandene Herr, führt euch seine Wege. / Jesus, der auferstandene Herr, geht euch stets voran.

3. Jesus, der auferstandene Herr, sendet seine Engel. / Jesus, der auferstandene Herr, kämpft und siegt in euch.

T: nach Nehemia 8,10. M: Kommunität Gnadenthal 1985.
© Präsenz-Verlag, Gnadenthal

Alle eure Sorge werft auf ihn;
denn er sorgt für euch.

1. Petrus 5,7

GLAUBE – LIEBE – HOFFNUNG

98 — Meine Hoffnung und meine Freude / O ma joie et mon espérance

ANGST UND VERTRAUEN

T : nach Jesaja 12,2. M : Jacques Berthier, Taizé 1988.
© Ateliers et Presses de Taizé, 71250 Taizé-Communauté

UMKEHR UND NACHFOLGE

99 — Kommt, atmet auf

Kehrvers

Kommt, at-met auf, ihr sollt le-ben. Ihr müsst nicht mehr ver-zwei-feln, nicht län-ger mut-los sein. Gott hat uns sei-nen Sohn ge-ge-ben. Mit ihm kehrt neu-es Le-ben bei uns ein.

Strophen

1. Ihr, die ihr seit Lan-gem nach dem Le-ben jagt und bis-her ver-geb-lich Ant-wor-ten er-fragt,

UMKEHR UND NACHFOLGE

hört die gu-te Nach-richt, dass euch Chris-tus liebt,

dass er eu-rem Le-ben Sinn und Hoff-nung gibt.

Der Kehrvers wird nach jeder Strophe wiederholt.

2. Ihr seid eingeladen, Gott liebt alle gleich. / Er trennt nicht nach Farben, nicht nach Arm und Reich. / Er fragt nicht nach Rasse, Herkunft und Geschlecht. / Jeder Mensch darf kommen. Gott spricht ihn gerecht.

3. Noch ist nichts verloren, noch ist Rettung nah. / Noch ist Gottes Liebe für uns Menschen da. / Noch wird Leben finden, wer an Jesus glaubt. / Noch wird angenommen, wer ihm fest vertraut.

T UND M: PETER STRAUCH 1993.
B: 1. TIMOTHEUS 2,4 ff.
© HÄNSSLER VERLAG, D-71087 HOLZGERLINGEN

GLAUBE – LIEBE – HOFFNUNG

100
**Wir erkennen: Gott ist unser Licht /
Siya hamb' ekukhanyen'-kwen-khos' /
We are marching in the light of God**

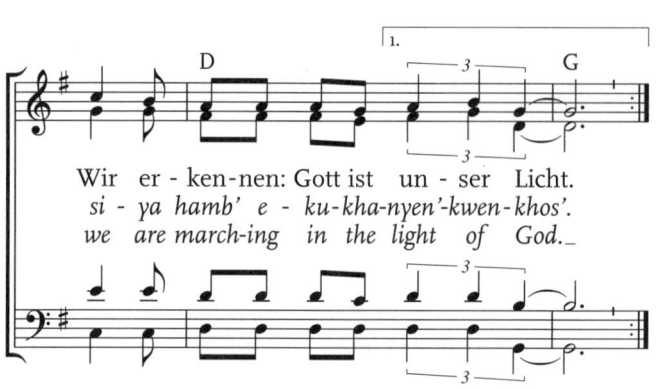

UMKEHR UND NACHFOLGE

GLAUBE – LIEBE – HOFFNUNG

2. Wir erfahren: Gott ist unsre Kraft ...

3. Wir vertrauen: Gott ist unser Schutz ...

4. Wir erleben: Gott ist unser Trost ...

5. Wir bekennen, Gott ist unser Herr ...

2. *We are living in the power of God ...*

3. *We are walking in the love of God ...*

T: ZULU AUS SÜDAFRIKA, DEUTSCH THEO LEHMANN /
JÖRG SWOBODA 1988, ENGLISCH ÜBERLIEFERT.
M: AUS SÜDAFRIKA.

© T: SCM COLLECTION VERLAG, WITTEN

UMKEHR UND NACHFOLGE

Mein Gott, das muss anders werden 101

T und M: Christoph Lehmann 1977.
© TVD-Verlag, Düsseldorf

GLAUBE – LIEBE – HOFFNUNG

102   Komm, wir brechen auf

1. Komm, wir brechen auf aus den Mauern der Einsamkeit. Komm, wir brechen auf aus dem satten Einerlei. Komm, wir gehen los, und wir werden finden. Komm, wir gehen los,
2. Komm, wir lassen los, was uns immer noch festhält. Komm, wir lassen los, was uns müde macht und alt. Komm, wir halten fest an dem, der Liebe lebte. Komm, gib mir die Hand
3. Komm mit mir heraus aus den alten Zwängen. Komm mit mir heraus aus dem tödlichen Spiel. Komm, wir finden ihn, der sagt, er ist das Leben. Komm, wir finden ihn,

UMKEHR UND NACHFOLGE

T: Günther Mahler 1985. M: Dieter Falk 1985.
B: Johannes 7,3 ff; Offenbarung 21,6.

© Pila Music / Pila Production (RN: ProfilMedien Verlags OHG), Neuhausen

GLAUBE – LIEBE – HOFFNUNG

103
Ewigkeit
Wenn wir mit offnen Herzen hören

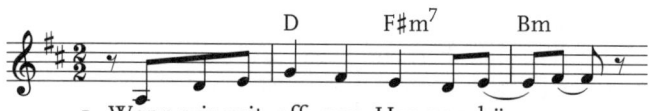
1. Wenn wir mit off-nen Her-zen hö - ren,

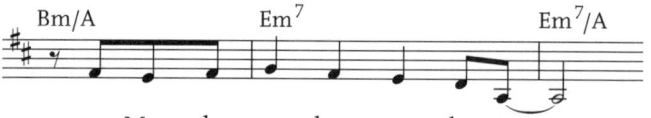
was Men-schen ne - ben uns be - wegt,

und wir nicht schwei-gen, son-dern re - den

von dem, was un - ser Le - ben prägt,

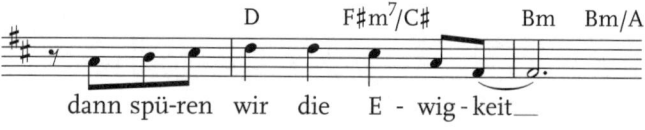
dann spü-ren wir die E - wig - keit

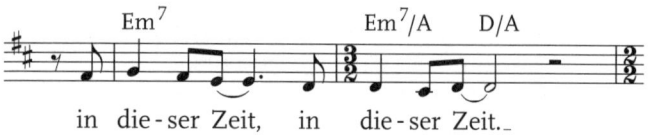
in die - ser Zeit, in die - ser Zeit.

2. Wenn fremde Tränen uns berühren, / so wie ein tiefer, großer Schmerz, / und wir das Leid der andern spüren, / als träf es unser eignes Herz, / dann spüren wir die Ewigkeit / in dieser Zeit, / in dieser Zeit.

3. Wenn wir noch danke sagen können / für das, was selbstverständlich scheint, / und wir für uns ganz neu entdecken, / wie gut es Gott doch mit uns meint, / dann spüren wir die Ewigkeit / in dieser Zeit, / in dieser Zeit.

4. Wenn wir uns Jesus anvertrauen / und mutig neue Wege gehn / und wir auf seine Taten schauen, / mit seinen Augen Menschen sehn, / dann spüren wir die Ewigkeit / in dieser Zeit, / in dieser Zeit.

5. Wenn uns noch Worte Jesu treffen, / die wir schon hundertmal gehört, / und wir durch seinen Geist bezwingen, / was Gott an unserm Leben stört, / dann spüren wir die Ewigkeit / in dieser Zeit, / in dieser Zeit.

T: Jörn Philipp / Wolfgang Tost 1996.
M: Wolfgang Tost 1996.
B: Prediger 3,11.
© Abakus Musik Barbara Fietz, 35753 Greifenstein

104   Steig in das Boot. Nimm die Netze

1. Steig in das Boot. Nimm die Netze. Fahr los.

Du hast sein Wort. Deine Skepsis ist groß.

Zweifle nur nicht, du wirst schon sehn.

Zweifle nur nicht, du wirst schon sehn.

2. Schlag an den Fels. Eine Quelle bricht auf. / Du hast sein Wort. Nun verlass dich darauf. / Zweifle nur nicht, du wirst schon sehn. / Zweifle nur nicht, du wirst schon sehn.

3. Hab keine Angst, und geh mitten durchs Meer. / Du hast sein Wort. Er geht selbst vor dir her. / Zweifle nur nicht, du wirst schon sehn. / Zweifle nur nicht, du wirst schon sehn.

T: Theo Lehmann / Jörg Swoboda 1984.
M: Jörg Swoboda 1984.
B: Lukas 5,1ff.; 2. Mose 17,5 ff.; 2. Mose 14,29.
© SCM Collection Verlag, Witten

UMKEHR UND NACHFOLGE

Unser Leben sei ein Fest   105

1. Un-ser Le-ben sei ein Fest, Je-su Geist in un-se-rer Mit-te, Je-su Werk in un-se-ren Hän-den, Je-su Geist in un-se-ren Wer-ken.
2. Un-ser Le-ben sei ein Dank, Gott die Eh-re in un-se-ren Ta-ten, Preis dem Herrn in un-se-ren Lie-dern, Got-tes Lob in un-se-rem Be-ten.
3. Un-ser Le-ben sei ein Dienst, Je-su Sinn in un-se-ren Her-zen, Je-su Lie-be in un-se-ren Wer-ken, Je-su De-mut in un-se-rem Glau-ben.

1. Un-ser Le-ben sei ein Fest heut und mor-gen und an je-dem Tag.
2. Un-ser Le-ben sei ein Dank heut und mor-gen und an je-dem Tag.
3. Un-ser Le-ben sei ein Dienst heut und mor-gen und an je-dem Tag.

T: JOSEF METTERNICH TEAM 1972 (STR. 1) /
WERNER MORGENSTERN (STR. 2 UND 3). M: PETER JANSSENS 1972.
© PETER JANSSENS MUSIKVERLAG, TELGTE-WESTFALEN

GEBORGEN IN GOTTES LIEBE

o106

In guten Händen
Ich bin in guten Händen

1. Ich bin in guten Händen. Mein Hirte ist der Herr.
Er schenkt mir, was ich brauche, und gibt mir noch viel mehr.
Zum frischen Wasser führt er mich, lässt mich dort Ruhe finden,
versorgt mich väterlich.

2. Geht meine Kraft zu Ende, / dann richtet er mich auf. / Gibt neuen Mut und führt mich / den Weg zum Ziel hinauf. / Ist bei mir stets und überall, / weicht nie von meiner Seite, / auch nicht im dunklen Tal.

3. Ich muss mich nicht mehr fürchten, / er lässt mich nie im Stich. / Er ist ein guter Hirte, / beschützt und tröstet mich. / Er setzt das Letzte für mich ein, / sogar sein eignes Leben. / Ich muss ihm wertvoll sein.

4. Er lädt mich ein, zu rasten / und deckt mir selbst den Tisch. / Schenkt ein aus vollen Händen, / ich fühl mich wieder frisch. / Weil ich bei ihm geborgen bin, / genieß ich seine Liebe / bis an mein Ende hin.

T: Christoph Zehendner nach Psalm 23, 1999.
M: Wohl denen, die da wandeln (EG 295).
© T: Hänssler Verlag, D-71087 Holzgerlingen

Ich tauche in dich ein ○107

2. Ich tauche in dich ein, / was mich noch trennt von dir, / nimm es hinweg, mein Gott, / was ich bin, das ist dein.

3. Ich tauche in dich ein, / wie Salz im Meer sich löst, / verlier ich mich in dir, / um wahr ich selbst zu sein.

4. Ich tauche in dich ein, / was immer mir geschieht, / du bist es, du mein Gott, / es gibt nur dich allein.

T: Christian Lehnert 2004. M: Karoline Schulz 2006.
© T: beim Urheber. © M: Strube Verlag GmbH, München-Berlin

GLAUBE – LIEBE – HOFFNUNG

108   Keinem von uns ist Gott fern

Kehrvers

Kei-nem von uns ist Gott fern. Kei-nem von uns ist Gott fern. Auch wenn du meinst, er kann dich nicht hörn. Kei-nem von uns ist Gott fern.

Strophen

1. Sei-ne Nä-he, die bringt uns Ge-bor-gen-heit;
sei-ne Nä-he macht mu-tig zur Of-fen-heit;
sei-ne Nä-he, die wärmt und ver-brennt uns nicht;
sei-ne Nä-he bringt Klar-heit und Zu-ver-sicht.

Der Kehrvers wird nach jeder Strophe wiederholt.

2. Seine Nähe bringt Freude und Liebe mit; / seine Nähe macht Mut für den nächsten Schritt; / seine Nähe befreit und bedrängt uns nicht; / seine Nähe bringt Frieden und Zuversicht.

T und M: Wolfang Tost 1989.
B: Apostelgeschichte 17,27.
© beim Urheber

Wie in einer zärtlichen Hand   o109
Kanon für 4 Stimmen

T und M: Bernd Schlaudt um 1985.
© beim Urheber

GLAUBE – LIEBE – HOFFNUNG

110 — Gott ist kein Gedanke
Du bist Gottes Liebe

2. Du bist Gottes Wunschkind. / Schön, dass es dich gibt. / Herrlich, wie der Herr dich / über alles liebt.

3. Du bist Gottes Perle. / Er verliert dich nicht. / Er sorgt für dein Leben, / dass es nicht zerbricht.

T: Theo Lehmann / Jörg Swoboda 1985.
M: Jörg Swoboda 1985.
B: Johannes 16,27.
© SCM Collection Verlag, Witten

Meine Zeit steht in deinen Händen   III

Strophen siehe nächste Seite

GLAUBE – LIEBE – HOFFNUNG

1. Sorgen quälen und werden mir zu groß. Mutlos frag ich: Was wird morgen sein? Doch du liebst mich, du lässt mich nicht los. Vater, du wirst bei mir sein.
2. Hast und Eile, Zeitnot und Betrieb nehmen mich gefangen, jagen mich. Herr, ich rufe: Komm und mach mich frei! Führe du mich Schritt für Schritt.
3. Es gibt Tage, die bleiben ohne Sinn. Hilflos seh ich, wie die Zeit verrinnt. Stunden, Tage, Jahre gehen hin, und ich frag, wo sie geblieben sind.

Der Kehrvers wird nach jeder Strophe wiederholt.

T UND M: PETER STRAUCH 1980.
B: PSALM 31,16.
© HÄNSSLER VERLAG, D-71087 HOLZGERLINGEN

NÄCHSTENLIEBE/FRIEDEN

Tragt in die Welt nun ein Licht ○112

1. Tragt in die Welt nun ein Licht. Sagt allen: „Fürchtet euch nicht." Gott hat euch lieb, Groß und Klein. Seht auf des Lichtes Schein.

2. Tragt zu den Kranken ein Licht. / Sagt allen: „Fürchtet euch nicht." / Gott hat euch lieb, Groß und Klein. / Seht auf des Lichtes Schein.

3. Tragt zu den Kindern ein Licht. / Sagt allen: „Fürchtet euch nicht." / Gott hat euch lieb, Groß und Klein. / Seht auf des Lichtes Schein.

4. Tragt zu den Blinden ein Licht. / Sagt allen: „Fürchtet euch nicht." / Gott hat euch lieb, Groß und Klein. / Seht auf des Lichtes Schein.

T UND M: WOLFANG LONGARDT 1972.
B: MATTHÄUS 5,16.
© VERLAG ERNST KAUFMANN GMBH, LAHR

GLAUBE – LIEBE – HOFFNUNG

113   Ins Wasser fällt ein Stein

1. Ins Wasser fällt ein Stein, ganz heimlich, still und leise; und ist er noch so klein, er zieht doch weite Kreise. Wo Gottes große Liebe in einen Menschen fällt, da wirkt sie fort, in Tat und Wort, hinaus in unsre Welt.

2. Ein Funke, kaum zu sehn, / entfacht doch helle Flammen, / und die im Dunkeln stehn, / die ruft der Schein zusammen. / Wo Gottes große Liebe / in einem Menschen brennt, / da wird die Welt / vom Licht erhellt; / da bleibt nichts, was uns trennt.

3. Nimm Gottes Liebe an. / Du brauchst dich nicht allein zu mühn, / denn seine Liebe kann / in deinem Leben Kreise ziehn. / Und füllt sie erst dein Leben, / und setzt sie dich in Brand, / gehst du hinaus, / teilst Liebe aus, / denn Gott füllt dir die Hand.

T: Manfred Siebald 1973 nach „Pass it on".
M: Kurt Kaiser 1965/1969.
© Bud John Songs, adm. by Unisong Music Publ. B.V.;
Printrechte für D, A, CH: Hänssler-Verlag, D-71087 Holzgerlingen

NÄCHSTENLIEBE/FRIEDEN

Ubi caritas et amor /   114
Wo die Liebe wohnt und Güte

T: ALTKIRCHLICH. M: JACQUES BERTHIER, TAIZÉ 1977.
B: 1. JOHANNES 4,11.12.

© ATELIERS ET PRESSES DE TAIZÉ, 71250 TAIZÉ-COMMUNAUTÉ

GLAUBE – LIEBE – HOFFNUNG

115 — Wenn das Brot, das wir teilen

Strophen

1. Wenn das Brot, das wir tei-len, als Ro-se blüht
und das Wort, das wir spre-chen, als Lied er-klingt,

Kehrvers

dann hat Gott un-ter uns schon sein Haus ge-baut,
dann wohnt er schon in un-se-rer Welt.
Ja, dann schau-en wir heut schon sein An-ge-sicht
in der Lie-be, die al-les um-fängt,
in der Lie-be, die al-les um-fängt.

2. Wenn das Leid jedes Armen uns Christus zeigt / und die Not, die wir lindern, zur Freude wird, / dann ...

3. Wenn die Hand, die wir halten, uns selber hält / und das Kleid, das wir schenken, auch uns bedeckt, / dann ...

4. Wenn der Trost, den wir geben, uns weiter trägt / und der Schmerz, den wir teilen, zur Hoffnung wird, / dann ...

5. Wenn das Leid, das wir tragen, den Weg uns weist / und der Tod, den wir sterben, vom Leben singt, / dann ...

T: Claus-Peter März 1981. M: Kurt Grahl 1981.
© bei den Urhebern

Selig sind, die da geistlich arm sind;
denn ihrer ist das Himmelreich.

  Selig sind, die da Leid tragen;
  denn sie sollen getröstet werden.

Selig sind die Sanftmütigen;
denn sie werden das Erdreich besitzen.

  Selig sind, die da hungert und dürstet nach der Gerechtigkeit;
  denn sie sollen satt werden.

Selig sind die Barmherzigen;
denn sie werden Barmherzigkeit erlangen.

  Selig sind, die reinen Herzens sind;
  denn sie werden Gott schauen.

Selig sind die Friedfertigen;
denn sie werden Gottes Kinder heißen.

  Selig sind, die um der Gerechtigkeit willen verfolgt werden;
  denn ihrer ist das Himmelreich.

Matthäus 5,3 – 10

116 Herzen, die kalt sind wie Hartgeld

1. Herzen, die kalt sind wie Hartgeld, Herzen, die hart sind wie Stein, solln wieder Herzen werden, solln wieder Herzen sein!

Kehrvers: Gottes Liebe geht auf über dir, Gottes Liebe geht auf über dir. Selbst ein Stein wird warm, wenn die Sonne ihn bescheint. Selbst ein Stein wird warm, wenn die Sonne ihn bescheint.

2. Fäuste, die drohen und schlagen, / Fäuste, die roh und gemein, / solln wieder Hände werden, / solln wieder Hände sein!

3. Augen, die falsch sind wie Schlangen, / Augen, die kalt sind und klein, / solln wieder Augen werden, / solln wieder Augen sein!

4. Menschen, die starr sind wie Eisen, / Menschen, die niemals verzeihn, / solln wieder Menschen werden, / solln wieder Menschen sein!

T: Theo Lehmann / Jörg Swoboda 1983.
M: Jörg Swoboda 1983.
B: Hesekiel 11,19.
© SCM Collection Verlag, Witten

*Ich will ihnen ein anderes Herz geben
und einen neuen Geist in sie geben
und will das steinerne Herz wegnehmen
aus ihrem Leibe und ihnen ein fleischernes Herz geben.*
Hesekiel 11,19

GLAUBE – LIEBE – HOFFNUNG

117   Wie ein Fest nach langer Trauer

1. Wie ein Fest nach lan-ger Trau-er, wie ein Feu-er in der Nacht, ein off-nes Tor in ei-ner Mau-er, für die Son-ne auf-ge-macht. Wie ein Brief nach lan-gem Schwei-gen, wie ein un-ver-hoff-ter Gruß, wie ein Blatt an to-ten Zwei-gen, ein „Ich-mag-dich-trotz-dem - Kuss."

Kehrvers: So ist Ver-söh-nung. So muss der (3. Strophe: So wird der) wah-re Frie-de sein. So ist Ver-

NÄCHSTENLIEBE/FRIEDEN

2. Wie ein Regen in der Wüste, / frischer Tau auf dürrem Land, / ⁊ Heimatklänge für Vermisste, / alte Feinde, Hand in Hand. / Wie ein Schlüssel im Gefängnis, wie in Seenot „Land in Sicht", / wie ein Weg aus der Bedrängnis, / wie ein strahlendes Gesicht.

3. Wie ein Wort von toten Lippen, / wie ein Blick, der Hoffnung weckt, / ⁊ wie ein Licht auf steilen Klippen, / wie ein Erdteil, neu entdeckt. / Wie der Frühling, wie der Morgen, / wie ein Lied, wie ein Gedicht, / wie das Leben, wie die Liebe, / wie Gott selbst, das wahre Licht.

T: Jürgen Werth 1988. M: Johannes Nitsch 1988.
B: vgl. 2. Korinther 5,17 ff.

© Hänssler Verlag, D-71087 Holzgerlingen

GLAUBE – LIEBE – HOFFNUNG

118 Gut, dass wir einander haben

Kehrvers

Gut, dass wir ei-nan-der ha-ben,
Gut, dass wir nicht uns nur ha-ben,
gut, dass wir ei-nan-der sehn, Sor-gen,
dass der Kreis sich nie-mals schließt und dass
Freu-den, Kräf-te tei-len und auf ei-nem
Gott, von dem wir re-den,
We-ge gehn. hier in uns-rer Mit-te ist.

Strophen

1. Kei-ner, der nur im-mer re-det; kei-ner, der nur im-mer hört. Je-des Schwei-gen, je-des

NÄCHSTENLIEBE/FRIEDEN

Hö-ren, je-des Wort hat sei-nen Wert. Kei-ner wi-der-spricht nur im-mer; kei-ner passt sich im-mer an. Und wir ler-nen, wie man strei-ten und sich den-noch lie-ben kann.

Der Kehrvers wird nach jeder Strophe wiederholt.

2. Keiner, der nur immer jubelt; / keiner, der nur immer weint. / Oft schon hat uns Gott in unsrer Freude, unsrem Schmerz vereint. / Keiner trägt nur immer andre; / keiner ist nur immer Last. / Jedem wurde schon geholfen; / jeder hat schon angefasst.

3. Keiner ist nur immer schwach, und keiner hat für alles Kraft. / Jeder kann mit Gottes Gaben das tun, was kein andrer schafft. / Keiner, der noch alles braucht, und keiner, der schon alles hat. / Jeder lebt von allen andern; / jeder macht die andern satt.

T UND M: MANFRED SIEBALD 1990.
© HÄNSSLER VERLAG, D-71087 HOLZGERLINGEN

119 Behüte, Herr, die ich dir anbefehle

1. Behüte, Herr, die ich dir anbefehle, die mir verbunden sind und mir verwandt. Erhalte sie gesund an Leib und Seele und führe sie mit deiner guten Hand.

2. Sie alle, die mir ihr Vertrauen schenken / und die mir so viel Gutes schon getan, / in Liebe will ich dankbar an sie denken, / o Herr, nimm dich in Güte ihrer an.

3. Um manchen Menschen mache ich mir Sorgen / und möcht ihm helfen, doch ich kann es nicht. / Ich wünschte nur, er wär bei dir geborgen / und fände aus dem Dunkel in dein Licht.

4. Du ließest mir so viele schon begegnen, / so lang ich lebe, seit ich denken kann. / Ich bitte dich, du wollest alle segnen, / sei mir und ihnen immer zugetan.

T: Lothar Zenetti.
M: Von guten Mächten treu und still umgeben (EG 65).
© T: Strube Verlag GmbH, München-Berlin. © M: Verlag Merseburger, Kassel

NÄCHSTENLIEBE/FRIEDEN

Da berühren sich Himmel und Erde 120
Wo Menschen sich vergessen

2. Wo Menschen sich verschenken, / die Liebe bedenken / und neu beginnen, ganz neu, / da ...

3. Wo Menschen sich verbünden, / den Hass überwinden / und neu beginnen, ganz neu, / da ...

T: Thomas Laubach 1989. M: Christoph Lehmann 1989.
B: 1. Mose 28,10 ff.

© TVD-Verlag, Düsseldorf

121 Wo ein Mensch Vertrauen gibt

1. Wo ein Mensch Vertrauen gibt, nicht nur an sich selber denkt, fällt ein Tropfen von dem Regen, der aus Wüsten Gärten macht.

2. Wo ein Mensch den andern sieht, / nicht nur sich und seine Welt, / fällt ein Tropfen von dem Regen, / der aus Wüsten Gärten macht.

3. Wo ein Mensch sich selbst verschenkt / und den alten Weg verlässt, / fällt ein Tropfen von dem Regen, / der aus Wüsten Gärten macht.

T: Hans-Jürgen Netz 1975. M: Fritz Baltruweit 1977.
B: Jesaja 32,15b ff.
© tvd-Verlag, Düsseldorf

122 Wenn wir doch wüssten

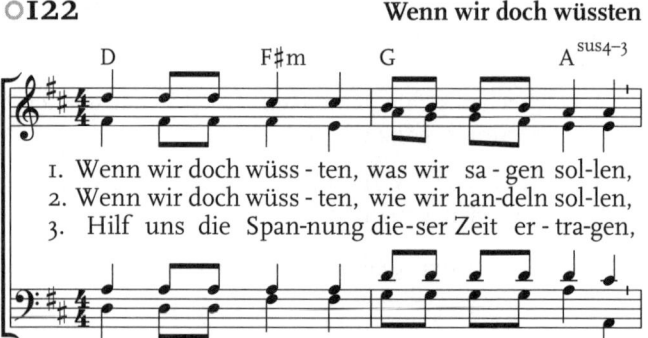

1. Wenn wir doch wüssten, was wir sagen sollen,
2. Wenn wir doch wüssten, wie wir handeln sollen,
3. Hilf uns die Spannung dieser Zeit ertragen,

NÄCHSTENLIEBE/FRIEDEN

T, M UND S: OTMAR SCHULZ 1966/1981.
B: 1. PETRUS 3,15 f.
© VERLAG SINGENDE GEMEINDE, WUPPERTAL

GLAUBE – LIEBE – HOFFNUNG

o123   Unfriede herrscht auf der Erde / Ciągły niepokój na świecie

1. Un-frie-de herrscht auf der Er-de.
   Krie-ge und Streit bei den Völ-kern
   und Un-ter-drü-ckung und Fes-seln
   zwin-gen so vie-le zum Schwei-gen.

Kehrvers:
Frie-de soll mit euch sein, Frie-de für al-le Zeit! Nicht so, wie ihn die Welt euch gibt, Gott sel-ber wird es sein.

1. *Ciąg-ły nie-po-kój na świe-cie.*
   Woj-ny i woj-ny bez koń-ca.
   Jak-że nie-pew-na jest zie-mia
   lę-kiem i gnie-wem drga-ją-ca.

Po-kój zos-taw-iam wam, po-kój mój da-ję wam, nie tak, jak da-je dzi-siaj świat, po-wie-dział do nas Pan.

2. In jedem Menschen selbst herrschen / Unrast und Unruh ohn Ende, / selbst wenn wir ständig versuchen, / Friede für alle zu schaffen.

3. Lass uns in deiner Hand finden, / was du für alle verheißen. / Herr, fülle unser Verlangen, / gib du uns selber den Frieden.

2. *Ciągły niepokój w człowieku, / ucieczka w hałas, zabawy, / szukamy wciąż nowych wrażeń, / a w głębi ciszy pragniemy.*

3. *Pokój budować co dzień, / w sobie, w rodzinie, przy pracy, / nasze mozolne wysiłki, / Pan Swoją łaską wzbogaci.*

T und M: Zofia Jasnota.
B: Johannes 14,27; 20,19 ff.
© bei der Urheberin

GLAUBE – LIEBE – HOFFNUNG

124 — Frieden wird werden

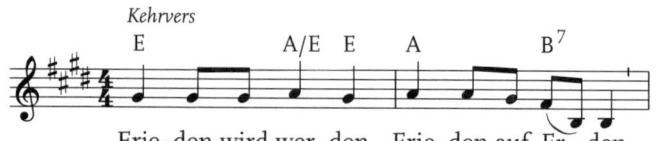
Frie-den wird wer-den, Frie-den auf Er-den.

Frie-den wird sein, lässt du Je-sus in dein

Le-ben ein. Frie-den wird wer-den,

Frie-den auf Er-den. Frie-den wird

sein, lässt du Je-su in dein Le-ben ein.

1. Kein Frie-den in der Welt oh-ne Frie-den
2. Kein Frie-den im Haus oh-ne Frie-den

zwi-schen Völ-kern. Kein Frie-den zwi-schen
zwi-schen Men-schen. Kein Frie-den zwi-schen

NÄCHSTENLIEBE/FRIEDEN

Der Kehrvers wird nach jeder Strophe wiederholt.

T UND M: LUTZ SCHEUFLER 1989.
B: MATTHÄUS 5,9; JOHANNES 14,27.
© HÄNSSLER VERLAG, D-71087 HOLZGERLINGEN

GLAUBE – LIEBE – HOFFNUNG

125   Eine Handvoll Erde
Mit der Erde kannst du spielen

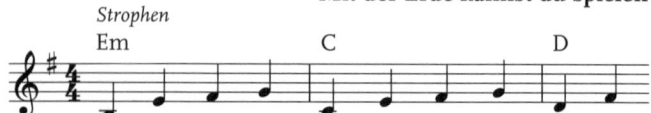

1. Mit der Er - de kannst du spie - len, spie-len
   und du baust in dei - nen Träu-men dir ein

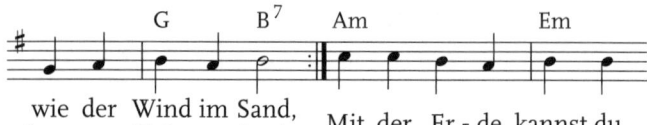

wie der Wind im Sand,
bun-tes Träu-me-land.   Mit der Er - de kannst du

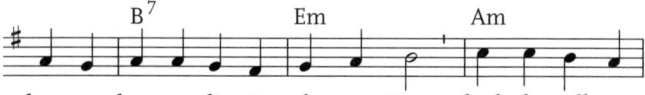

bau-en, bau-en dir ein schö-nes Haus, doch du soll-test

nicht ver-ges-sen: Ein-mal ziehst du wie-der aus.

Ei - ne Hand voll Er - de, schau sie dir an. Gott sprach einst: Es wer - de!

1. Den - ke da - ran.
2. Den - ke da - ran.

2. Auf der Erde kannst du stehen – / stehen, weil der Grund dich hält, / und so bietet dir die Erde / einen Standpunkt in der Welt. / In die Erde kannst du pflanzen – / pflanzen einen Hoffnungsbaum, / und er schenkt dir viele Jahre / einen bunten Blütentraum.

3. Auf der Erde darfst du leben – / leben ganz und jetzt und hier / und du kannst das Leben lieben, / denn der Schöpfer schenkt es dir. / Unsre Erde zu bewahren – / zu bewahren das, was lebt, / hat Gott mir und dir geboten, / weil er seine Erde liebt.

T: Reinhard Bäcker 1988. M: Detlev Jöcker 1988.
B: 1. Mose 1; 2,15.
© Menschenkinder Verlag, Münster

Gott der Herr nahm den Menschen und setzte ihn in den Garten Eden, dass er ihn bebaute und bewahrte.

1. Mose 2,15

TAGESLAUF

126 — Ein neuer Tag beginnt

Kehrvers:
Ein neu-er Tag be-ginnt, und ich freu mich, ja ich freu-e mich, ein neu-er Tag be-ginnt, und ich freu mich, Herr, auf dich.

Strophen:
1. Warst die gan-ze Nacht mir nah, da-für will ich dan-ken. Herr, jetzt bin ich für dich da, die-se Stun-de ist dein.

TAGESLAUF

Der Kehrvers wird nach jeder Strophe wiederholt.

2. Noch ist alles um mich still / und ich kann dich hören. / Was mir heut begegnen will: / Du bereitest mich vor.

3. Was mir Angst und Sorgen schafft, / das kann ich dir sagen. / Du selbst gibst mir deine Kraft, / denn ich bin zu schwach.

4. Du begegnest mir im Wort. / Herr, ich kann dich schauen, / das scheucht alle Sorgen fort, / erhebt mir das Haupt.

5. Deinen Frieden schenkst du mir, / ich kann dir vertrauen. / Ich bin dein, gehöre dir. / Du lässt mich nicht los.

T UND M: HELGA POPPE 1977.
B: PSALM 59,17 f.
© PRÄSENZ-VERLAG, GNADENTHAL

Ich will von deiner Macht singen
und des Morgens rühmen deine Güte;
denn du bist mir Schutz und Zuflucht in meiner Not.
Meine Stärke, dir will ich lobsingen;
denn Gott ist mein Schutz, mein gnädiger Gott.

Psalm 59,17.18

GLAUBE – LIEBE – HOFFNUNG

127 Durch die Nebelwand dringt ein Sonnenstrahl

Danken – Staunen

2. Nach der langen Nacht / kommt ein neuer Tag. / Gott weckt meinen Lebensmut. / Ich steh wieder auf.

3. Steht ein Haus auf Fels, / hält es Stürme aus. / Gott gibt mir den festen Halt. / Ich vertraue ihm.

4. Trocken bleibt das Land, / bis der Regen fällt. / Gott stillt meinen Lebensdurst. / Ich bin jetzt am Ziel.

T: Theo Lehmann / Wolfgang Tost 1997.
M: Wolfgang Tost 1997.
B: Psalm 136.
© bei den Urhebern

Halte zu mir, guter Gott　　　　○128

2. Du bist jederzeit bei mir; / wo ich geh und steh, / spür ich, wenn ich leise bin, / dich in meiner Näh.

3. Gibt es Ärger oder Streit / und noch mehr Verdruss, / weiß ich doch, du bist nicht weit, / wenn ich weinen muss.

4. Meine Freude, meinen Dank, / alles sag ich dir. / Du hältst zu mir, guter Gott, / spür ich tief in mir.

T: Rolf Krenzer 1988. M: Ludger Edelkötter 1988.
© T: beim Urheber. © M: KiMu Kinder Musik Verlag GmbH 45219 Essen

129 Fröhlich, fröhlich ist das Volk

Der Kehrvers wird nach jeder Strophe wiederholt.

2. Was ich auch beginnen mag, / Gott geht mit mir durch den Tag. / Ich vertrau auf Gott, den Vater. / Er weist mir den Weg.

3. Gott ist immer für mich da. / Überall ist er mir nah. / Ich vertrau auf Gott, den Vater. / Er weist mir den Weg.

T: Merla Watson 1972, deutsch von Gitta Leuschner 1980.
M: Merla Watson 1972. B: Psalm 33,12; 119,147.

Originaltitel: „Happy, happy are the people".
© The Lorenz Corporation, adm. by Unisong Music Publ. B.V.;
Printrechte für D, A, CH: Hänssler-Verlag, D-71087 Holzgerlingen

TAGESLAUF

Ein Neues beginnt 130

Ein Neu-es be-ginnt. Wir se-hen noch nicht weiter. Herr, sei du un-ser Halt und un-ser Lei-ter. Herr, geh du mit uns!

2. Uns ist noch recht bang / vor dem, was wir beginnen. / Herr, gib uns, dass wir gehn mit wachen Sinnen. / Herr, geh du mit uns!

3. Nimm unsere Hand! / Hab Dank für unsre Gaben! / Gib Kraft zu dem, was wir zu schaffen haben. / Herr, geh du mit uns!

4. Wir fangen jetzt an. / Lass uns zusammenstehen / und miteinander deine Wege gehen. / Herr, geh du mit uns!

T UND M: KURT ROMMEL 1970.
© STRUBE VERLAG GMBH, MÜNCHEN-BERLIN

131   Die Sonne ist am Horizont verschwunden

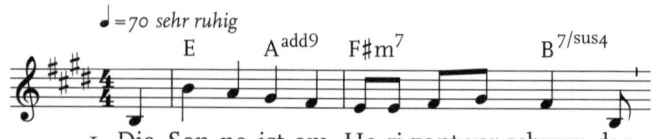
1. Die Son-ne ist am Ho-ri-zont ver-schwun-den

und Dun-kel brei-tet ü-ber-all sich aus.

Zu En-de gehn des Ta-ges Stun-den.

Das Licht er-lischt im gan-zen Haus.

2. Du willst uns Ruhe und Erholung schenken, / die wir den Tag mit Arbeit zugebracht. / Doch wollen wir zuvor gedenken / der Güte, die uns zugedacht.

3. Wir durften deine Liebe neu erfahren, / obwohl vielleicht wir manchmal nichts gespürt. / Mit Segnen, Heilen und Bewahren / hast du uns diesen Tag geführt.

4. Der Menschen, die im Dienst die Nacht verbringen, / sei jetzt am Abend betend auch gedacht. / Lass ihre Arbeit wohlgelingen, / behüte sie die ganze Nacht.

5. Den Kranken, die im Bett mit Schmerzen liegen, / und allen, die Verzweiflung jetzt bedroht, / hilf, dass sie neue Kräfte kriegen, / steh jedem bei in seiner Not.

6. Dir sei befohlen diese ganze Erde, / was immer auch die Nacht noch bringen mag. / Wir wissen es, du sprichst: „es werde" / und schenkst uns einen neuen Tag.

T: Gisela Kandler 2005. M: André Engelbrecht 2007.
© Strube Verlag GmbH, München-Berlin

Herr, am Ende dieses Tages 132

2. Vieles, was ich schaffen wollte, habe ich geschafft. / Gib mir für mein Tagwerk morgen wieder neue Kraft.

3. Manche Fragen und Probleme haben mich blockiert. / Hilf mir, einen Weg zu sehen, der mich weiterführt.

4. Weil ich heut auch schuldig wurde, bitt ich dich: Vergib / alles, was ich dir und Menschen heute schuldig blieb.

5. Herr, ich hab dir meine Sorgen an dein Herz gelegt. / Sorg für mich und bring zur Ruhe, was mein Herz bewegt.

6. Dieser Tag wie alle Tage kam und geht so bald. / Heute und am Lebensende bleib mein fester Halt.

T und M: Jörg Swoboda 2001.
© Gerth Medien Musikverlag, Asslar

GLAUBE – LIEBE – HOFFNUNG

133 Wie ein Wind, der leise weht

1. Wie ein Wind, der lei - se weht,
2. Des-sen Au - ge je - den sieht,
3. Ihm sei das Leid ge - klagt,
4. Dort, wo man tanzt und singt
5. Und wen die Angst be - fällt,
6. Und wenn die letz - te Dämm-rung fällt,

1. wie ei - ne Wel - le kommt und geht,
2. auch wenn er vor ihm flieht,
3. das Men-schen heu - te plagt,
4. und wo es fröh - lich klingt,
5. wenn er die Zu - kunft die - ser Welt,
6. bricht bald he - rein die neu - e Welt,

1. so kehrt auch die - ser Tag mit Leid und Glück
2. den bit - te ich um sein Ver - ge-bungs-wort,
3. die stum-men Schrei-e, die hier nie-mand zählt,

4. schenk die Freu-de, die be - stän - dig ist,
5. be-denkt, dem of - fen - ba - re dei - ne Macht
6. und end - lich ist die letz - te Nacht vor - bei,

STERBEN/EWIGES LEBEN

134   Wie sollen wir es fassen

1. Wie sollen wir es fassen, was nicht zu fassen ist? Wir hätten so viel Fragen, wir brauchten doch noch Zeit. Wohin mit unsern Klagen und unsrer Traurigkeit?

   Es fällt schwer loszulassen und doch bleibt keine Frist.

2. Das Leben ist verflogen, / der Tod trat ein mit Macht. / Das Lachen? Fortgezogen; / erstickt von tiefster Nacht. / In uns herrscht Leere, Schweigen. / Wir können nichts mehr tun. / Wozu dies tiefe Neigen? / Warum dies Sterben nun?

3. Viel schneller, als wir ahnten, / zerriss des Himmels Blau. / Durchkreuzt ist, was wir planten. / Die Welt scheint kalt und grau. / Was sein wird? Wer kann's sagen? / O Gott, das Fragen quält. / Hilfst du, das Leid zu tragen? / Hast du Trost, der jetzt zählt?

4. Lass uns, Gott, nicht versinken, / der Schmerz ist übergroß. / Dort, wo wir stolpern, hinken, / halt uns und lass nicht los. / Lass uns darauf vertrauen, / dass du das Leben birgst. / Hilf uns, auf dich zu bauen, / auf Segen, den du wirkst.

T: Eugen Eckert 1998. M: Befiehl du deine Wege (EG 361).
© T: Strube Verlag GmbH, München-Berlin

Wir sind mitten im Leben zum Sterben bestimmt ○135

2. Wir gehören für immer / dem Herrn, der uns liebt; / was auch soll uns geschehen, / er nimmt und er gibt.

3. Wir sind mitten im Sterben / zum Leben bestimmt; / was da fällt, soll erstehen. / Er gibt, wenn er nimmt.

T: Lothar Zenetti 1970. M: Herbert Beuerle 1970.
B: Römer 14,7 ff.
© Strube Verlag GmbH, München-Berlin

PSALMEN

HINWEISE ZUM SINGEN DER PSALMEN

Die Singmodelle der Psalmen sind für die Ausführung in kleineren und größeren Gruppen gedacht.
Aufgrund unterschiedlich langer Textzeilen werden beim Psalmsingen Rezitationstöne verwendet, die das Unterbringen beliebig vieler Silben gestatten. Alle Noten, auf denen mehrere Silben gesungen werden können, sind mit Seitenstrichen versehen (|o|, |•|). Der Abschluss und evtl. auch der Beginn solcher Rezitationstöne wird melodisch gestaltet.
In der hebräischen Psalmpoesie besteht jeder Psalmvers aus zwei inhaltlich aufeinander bezogenen Halbversen (*Parallelismus membrorum*). Dem entsprechend sind musikalische Psalm-Modelle meist zweigliedrig. Die Teilung wird beim Text durch ein * (*Asteriscus*) angegeben. Das Innehalten zwischen den beiden Teilen geschieht durch eine angemessene Atempause.
Wenn vereinzelt der Grundtext eine dreigliedrige Anlage zeigt, werden zwei Teile auf die erste Hälfte des Modells gelegt. Dabei kennzeichnet ein vom Rezitationston abweichender Ton (*Flexa*) oder ein Schrägstrich im Text (/) einen kurzen Einschnitt zwischen den ersten beiden Teilen. Eine andere Möglichkeit, besonders lange Texte zu gliedern, ist ein kurzer Halt, angezeigt durch ° (*Circellus*).
Dem eigentlichen Psalm wird bei gottesdienstlicher Verwendung ein Leitvers (*Antiphon*) vorangestellt, der melodisch eigenständig ist. Der Leitvers rahmt auch den abschließenden trinitarischen Lobpreis (*Doxologie*).

HINWEISE ZUM SINGEN DER PSALMEN

Die angebotenen Psalmodieweisen sind:

1. GREGORIANISCHE PSALMODIE:
   Nr. 0140–0143, 0149, 0155, 0158, 0159.

   Es wurde nur der leicht ausführbare zweite Psalmton mit ernstem Charakter gewählt.

   Der erste Psalmvers und der Anfang der Doxologie erhalten jeweils zu Beginn eine Eingangswendung (*Initium*, im Text gestrichelt markiert), ehe der Rezitationston (*Tuba*) folgt. Alle weiteren Verse beginnen sofort mit dem Rezitationston.

   Die erste Vershälfte endet mit dem Mittelschluss (*Mediatio*). Der Eintritt der Mediatio wird durch unterstrichenen Text angegeben.

   In der zweiten Vershälfte endet der Rezitationston mit einer Abschlusswendung (*Terminatio*). Der Eintritt der Terminatio ist durch unterstrichenen Text vermerkt.

   In der Ausführung ist folgende Ordnung möglich: Ein Vorsänger (*Kantor*) singt den Leitvers beim ersten Mal bis zum durchgezogenen Strich (oder, wo vorhanden, bis zur ersten Zäsur). Die Fortsetzung wird von allen gesungen. Die Psalmverse werden auf zwei Sängergruppen verteilt. Die erste Hälfte des ersten Psalmverses und der Doxologie werden wieder vom Vorsänger (*Kantor*) allein ausgeführt. Die Leitverse werden jedoch bei ihrer Wiederholung sofort von allen gesungen.

   Die Tonhöhe beim gregorianischen Singen richtet sich nach den Möglichkeiten der Ausführenden.

HINWEISE ZUM SINGEN DER PSALMEN

2. PSALMODIE NACH RUSSISCH-ORTHODOXER TRADITION:
   Nr. 0137–0139, 0144, 0145, 0151, 0156.

   Die Sätze können gemischtstimmig oder von Frauen und Männern abwechselnd ausgeführt werden.
   Der Mittelschluss und der Eintritt der Abschlusswendung werden im Text durch Unterstreichen gekennzeichnet.

3. REZITATIONSTON NACH MAXIME KOVALEVSKY:
   Nr. 0136, 0146–0148, 0153.

   Mittelschluss und Abschluss sind wieder im Text durch Unterstreichen gekennzeichnet.
   Der Bass bringt in der ersten Vershälfte jeweils den zum Mittelschluss überleitenden Ton (H) bereits vor der im Text unterstrichenen Silbe.

4. REZITATIONSTON AUS DER JESUSBRUDERSCHAFT GNADENTHAL:
   Nr. 0150, 0152, 0154, 0157, 0160.

   Die Schlüsse werden im Text durch Unterstreichen gekennzeichnet.

DIE RECHTE FÜR DIE LEITVERSE 0136–0141 UND 0143–0160 LIEGEN BEIM STRUBE VERLAG GMBH, MÜNCHEN-BERLIN; DIE RECHTE FÜR DEN LEITVERS 0142 LIEGEN BEIM LITURGISCHEN AUSSCHUSS DER VEREINIGTEN EVANGELISCH-LUTHERISCHEN KIRCHE DEUTSCHLANDS.

136

Leitvers

Hosianna dem Sohn Davids! /
Gelobt sei, der da kommt in dem Na-men des Herrn!

Psalm

1. Machet die Tore weit
   und die Türen in der Welt hoch, *

2. Wer ist der König der Eh - ren? *

3. Machet die Tore
   weit und die Türen in der Welt hoch, *

4. Wer ist der König der Eh - ren? *

Leitvers

Ehre sei dem Vater
und dem Sohn ° und dem Heili - gen Geist, *

Leitvers

PSALMEN

Adventszeit

Matthäus 21,9

Hosianna in der Höhe!

Psalm 24,7–10

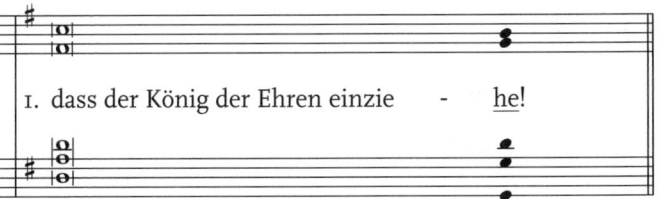

1. dass der König der Ehren einzie - he!

2. Es ist der HERR, stark
und mächtig, der HERR, mächtig im Streit.

3. dass der König der Ehren einzie - he.

4. Es ist der
HERR Zebaoth; er ist der König der Eh - ren.

wie im Anfang, so auch jetzt
und alle Zeit ° und in Ewigkeit. A - men.

137

Leitvers

Uns ist ein Kind geboren, ein Sohn ist uns ge-ge-ben,

Psalm

1. Singet dem HERRN ein neues Lied; *

2. Singet dem HERRN und lobet seinen Na-men, *

3. Erzählet unter den Heiden von seiner Herr - lichkeit *

4. Betet an den HERRN in heiligem Schmuck; *

Leitvers

Ehre sei dem Vater und dem Sohn *

wie im Anfang, so auch jetzt und alle Zeit *

Leitvers

PSALMEN

Weihnachtszeit

Jesaja 9,5

und er heißt Wunder-Rat, Gott-Held, / Ewig-Va-ter, Frie - de - fürst.

Psalm 96,1–3.9

1. singet dem HERRN, <u>al</u> - le Welt!

2. verkündet von Tag zu <u>Tag</u> sein Heil!

3. unter allen Völkern von <u>sei</u> - nen Wundern!

4. es fürchte ihn <u>al</u> - le Welt!

und dem Hei - <u>li</u> - gen Geist,
und in E - - <u>wig</u> - keit. Amen.

PSALMEN

○**138**

Leitvers

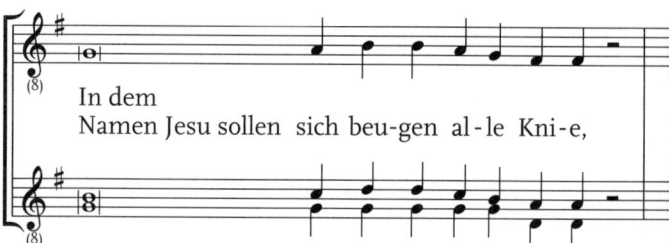

In dem Namen Jesu sollen sich beu-gen al-le Kni-e,

Psalm

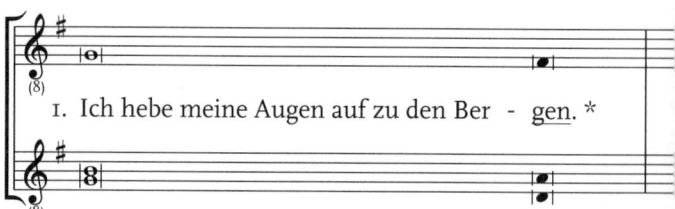

1. Ich hebe meine Augen auf zu den Ber - <u>gen</u>. *

2. Meine Hilfe kommt vom Herrn, *
3. Er lässt deinen Fuß nicht glei - <u>ten</u>, *
4. Der Herr behüte dich vor allem Ü - <u>bel</u>, *

Leitvers

Ehre sei dem Vater und dem <u>Sohn</u> *
wie im Anfang, so auch jetzt und alle <u>Zeit</u> *

Leitvers

PSALMEN

Altjahrsabend – Neujahr

Philipper 2,10.11

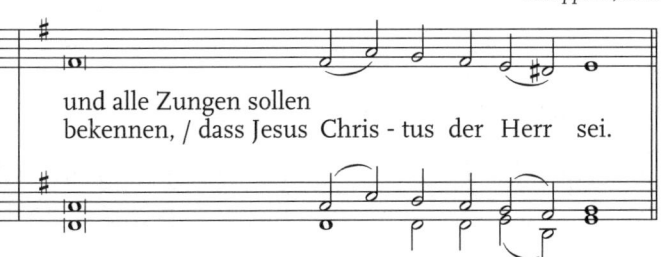

und alle Zungen sollen bekennen, / dass Jesus Christus der Herr sei.

Psalm 121,1–3.7

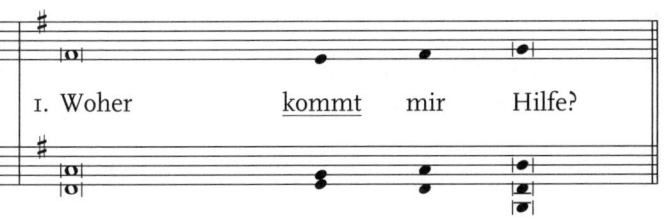

1. Woher kommt mir Hilfe?
2. der Himmel und Er - de ge - macht hat.
3. und der dich be hü - tet, schläft nicht.
4. er behüte dei - ne Seele.

und dem Hei - li - gen Geist,
und in E - wig - keit. Amen.

139

Leitvers

Siehe, nun kommt der HERR, der Herr-scher,

Psalm

1. Jauchzet dem HERRN, alle Welt! / Dienet dem HERRN mit Freu - den, *

2. Erkennet, dass der HERR Gott ist! / Er hat uns gemacht und nicht wir selbst *

3. Gehet zu seinen Toren ein mit Danken, / zu seinen Vorhöfen mit Lo - ben; *

4. Denn der HERR ist freundlich / und seine Gnade währet e - wig *

Leitvers

Ehre sei dem Vater und dem Sohn *

wie im Anfang, so auch jetzt und alle Zeit *

Leitvers

PSALMEN

Epiphaniaszeit

nach 1. Chronik 29,11.12

und in seiner Hand ist
das Reich und die Kraft / und die Herr-lich-keit.

Psalm 100

1. kommt vor sein Angesicht mit Froh-locken.

2. zu seinem Volk und zu Schafen sei - ner Weide.

3. danket ihm, lobet sei - nen Namen!

4. und seine Wahrheit für und für.

und dem Hei - - li - gen Geist,
und in E - - - wig - keit. Amen.

140

Leitvers

Sei mir ein star-ker Fels und ei-ne Burg, dass du mir hel-fest! Um dei-nes Na-mens wil-len wol-lest du mich lei-ten und füh-ren.

Psalm

1. HERR, auf dich traue ich, lass mich
   nimmermehr zuschanden wer - den, *

   2. Ich befehle
      meinen Geist in deine Hän - de; *

   3. Ich freue mich und bin
      fröhlich über deine Gü - te, *

   4. und übergibst mich
      nicht in die Hände des Fein - des; *

Leitvers

Eh - re sei dem Vater und dem Soh - ne *

wie im Anfang,
so auch jetzt und al - le Zeit *

Leitvers

PSALMEN

Sonntage vor der Passionszeit

Psalm 31,3b.4b

Psalm 31,2.6.8–9

1. errete mich durch deine Ge - rech - tigkeit!

2. du hast mich erlöst, HERR, du treu - er Gott.

3. dass du mein Elend
   ansiehst und nimmst dich mei - ner an in Not

4. du stellst meine Füße auf wei - ten Raum.

und dem Heili - - gen Geis - te,

und in Ewig - - keit. A - men.

141

Leitvers

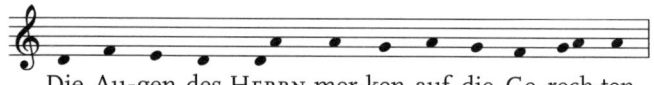

Die Au-gen des HERRN mer-ken auf die Ge-rech-ten und sei-ne Oh-ren auf ihr Schrei-en.

Psalm

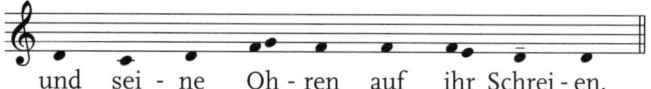

1. *Wenn die* Gerechten schreien, so <u>hört</u> der HERR *

    2. Der HERR ist nahe denen, die zerbrochenen <u>Her</u>-zens sind, *

    3. Der Gerechte muss viel er-<u>lei</u>-den, *

    4. Der HERR erlöst das Leben seiner <u>Knech</u>-te, *

Leitvers

<u>Eh</u>-*re* sei dem Vater und dem <u>Soh</u>-ne *

wie im Anfang, so auch jetzt und <u>al</u>-le Zeit *

Leitvers

PSALMEN

Passionszeit

Psalm 34,16

Psalm 34,18–20.23

1. und errettet sie aus al - ler ih - rer Not.
2. und denen, die ein
   zerschlagenes Gemüt ha - ben, hilft er.
3. aber der HERR hilft ihm aus al - ledem.
4. und alle,
   die auf ihn trauen, wer - den frei von Schuld.

und dem Heili - gen Geis - te,

und in Ewig - - keit. A - men.

142

Leitvers

Der Herr ward ge-hor-sam bis zum To-de, ja zum To-de am Kreuz.

Psalm

1. Mein Gott, mein Gott,
   warum hast du mich ver - las - sen? *

2. Mein Gott, des Tages
   rufe ich, doch du gibst keine Ant - wort, *

3. Du aber bist hei - lig, *

4. Zu dir schrien
   unsere Väter und wurden er - ret - tet, *

5. Sei nicht ferne
   von mir, denn Angst ist na - he; *

6. Aber du, HERR, sei nicht fer - ne; *

Leitvers

In der Karwoche entfällt das „Ehre sei dem Vater"

PSALMEN

Palmsonntag bis Karsamstag

Philipper 2,8

Psalm 22,2–4.6.12.20

1. Ich schreie, aber meine Hilfe <u>ist</u> fer - ne.

2. und des Nachts, doch finde ich kei - <u>ne</u> Ru - he.
3. der du thronst über den Lobgesän - <u>gen</u> Is - raels.
4. sie hofften
   auf dich und wurden nicht <u>zu</u> - schan - den.

5. denn es ist hier <u>kein</u> Hel - fer.
6. meine Stärke, eile, mir <u>zu</u> hel - fen.

PSALMEN

○143

Leitvers

Wir rüh-men uns al-lein des Kreu-zes un-se-res Herrn Jesus Chris-tus; durch ihn sind wir er-löst und frei.

Psalm

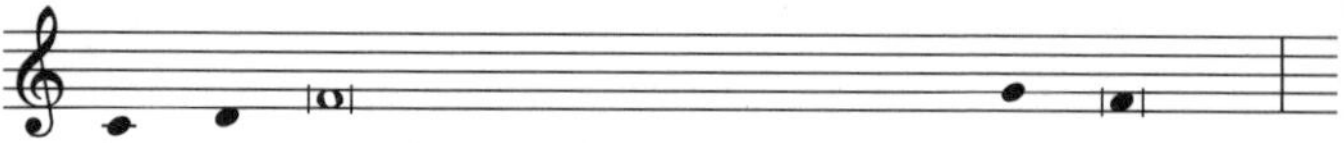

1. _Ich dan_-ke dem HERRN von ganzem Her-zen *
2. Groß sind die Werke des HER-REN, *
3. Er hat ein Gedächtnis gestiftet seiner Wun-der, *
4. Er gibt Speise denen, die ihn fürch-ten; *
5. Er lässt verkündigen seine gewaltigen Taten sei-nem Volk,

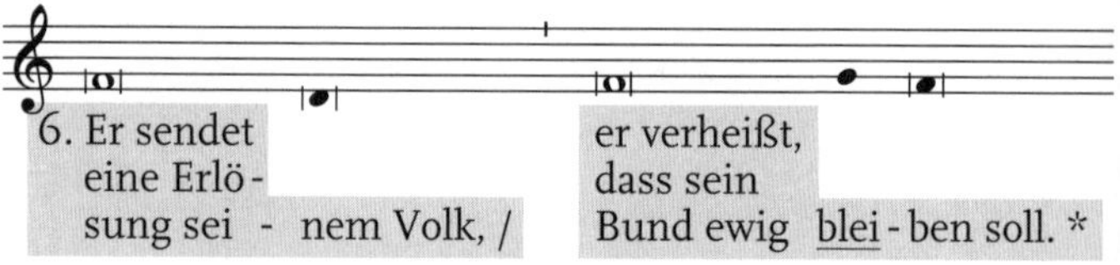

6. Er sendet eine Erlö-sung sei-nem Volk, / er verheißt, dass sein Bund ewig blei-ben soll. *

Leitvers

Das „Ehre sei dem Vater" entfällt.

PSALMEN

Gründonnerstag

nach Galater 6,14

Psalm 111,1–2.4–6.9

1. im Rat der Frommen und in der <u>Ge</u> - mein - de.
2. wer sie erforscht, der <u>hat</u> Freu - de dran.

3. der gnädige und barmher - <u>zi</u> - ge HERR.
4. er gedenkt ewig <u>an</u> sei - nen Bund.

5. dass er ihnen gebe das Erbe <u>der</u> Hei - den.

6. Heilig und hehr ist <u>sein</u> Na - me.

144

Leitvers

Der Herr ist auf-er-stan-den, Hal-le-lu-ja;

Psalm

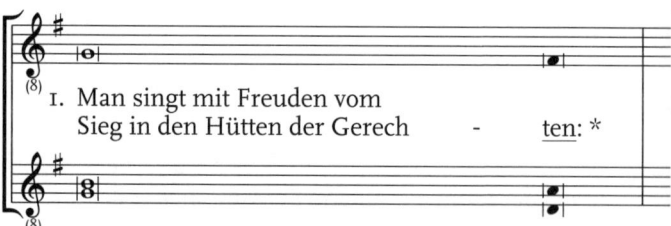

1. Man singt mit Freuden vom
Sieg in den Hütten der Gerech - <u>ten</u>: *

2. Ich werde nicht sterben, sondern le - <u>ben</u> *

3. Der Stein, den die Bauleute
verworfen haben, ist zum Eckstein gewor - <u>den</u>. *

4. Dies ist der Tag, den der Herr <u>macht</u>; *

Leitvers

Ehre sei dem Vater und dem <u>Sohn</u> *

wie im Anfang, so auch jetzt und alle <u>Zeit</u> *

Leitvers

PSALMEN

Osterzeit

Lukas 24,6a.34a

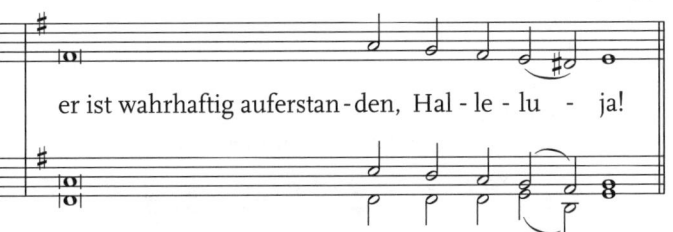

er ist wahrhaftig auferstan-den, Hal - le - lu - ja!

Psalm 118,15.17.22–24

1. Die Rechte des HERRN be - hält den Sieg!

2. und des HERRN Wer - ke ver - kündigen.
3. Das ist vom HERRN geschehen und ein Wunder vor un - sern Augen.
4. lasst uns darin freuen und fröh - lich sein.

und dem Hei - - li - gen Geist,
und in E - - - wig - keit. Amen.

145

Leitvers

(8) Ihr Männer von Galiläa, / was steht ihr da und seht zum Himmel? Hal-le-lu-ja.

Psalm

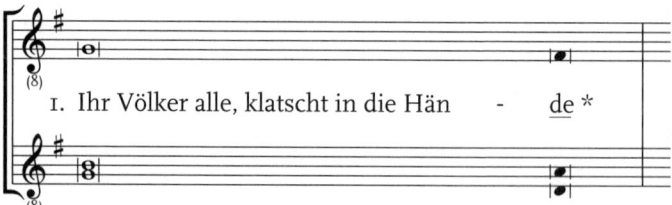

1. Ihr Völker alle, klatscht in die Hän - de *

2. Gott fähret auf unter Jauch - - zen, *
3. Denn Gott ist König über die ganze Er - de; *
4. Gott ist König über die Völ - - ker, *

Leitvers

Ehre sei dem Vater und dem Sohn *
wie im Anfang, so auch jetzt und alle Zeit *

Leitvers

PSALMEN

Christi Himmelfahrt – Exaudi

Apostelgeschichte 1,11

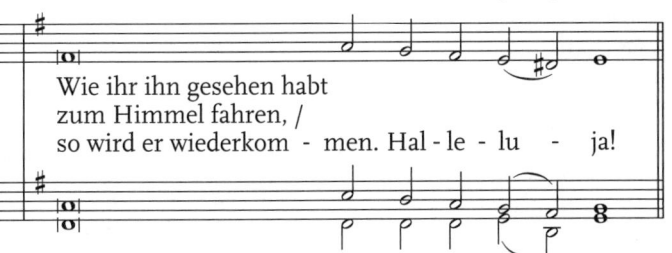

Wie ihr ihn gesehen habt zum Himmel fahren, / so wird er wiederkommen. Halleluja!

Psalm 47,2.6.8–9

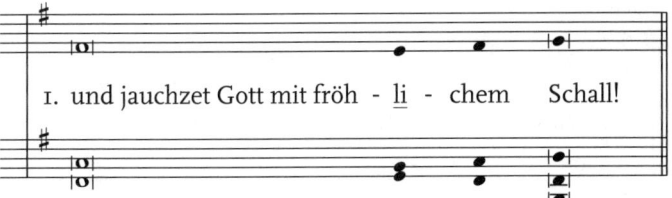

1. und jauchzet Gott mit fröhlichem Schall!
2. der HERR beim Hall der Posaune.
3. lobsinget ihm mit Psalmen!
4. Gott sitzt auf seinem heiligen Thron.

und dem Heiligen Geist,
und in Ewigkeit. Amen.

146

Leitvers

Die Liebe Gottes
ist ausgegossen in
unsre Herzen / durch den Hei - li - gen Geist.

Psalm

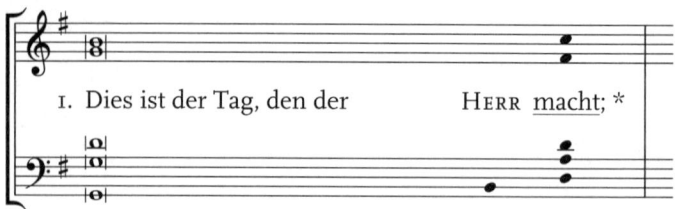

1. Dies ist der Tag, den der   Herr macht; *

2. O Herr, hilf! O Herr, lass wohlge - lin - gen! *

3. Der Herr ist Gott, der uns er - leuch - tet. *

4. Danket dem Herrn; denn er ist freund - lich, *

Leitvers

Ehre sei dem Vater
und dem Sohn ° und dem Heili - gen Geist, *

Leitvers

PSALMEN

Pfingstfest – Danktage – Konfirmation

Römer 5,5

Halle - - lu - - ja!

Psalm 118,24–26a.27.29

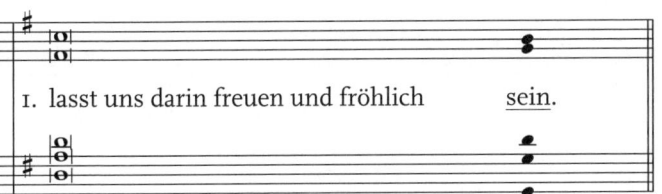

1. lasst uns darin freuen und fröhlich sein.

2. Gelobt sei, der da kommt im Namen des HERRN.

3. Schmückt das Fest
   mit Maien bis an die Hörner des Al - tars!

4. und seine Güte währet ewig - lich.

wie im Anfang, so auch jetzt
und alle Zeit ° und in Ewigkeit. A - men.

147

Leitvers

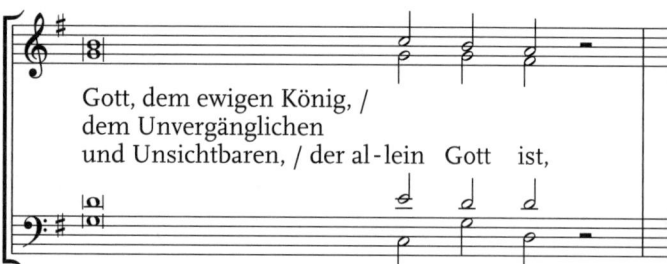

Gott, dem ewigen König, /
dem Unvergänglichen
und Unsichtbaren, / der al - lein Gott ist,

Psalm

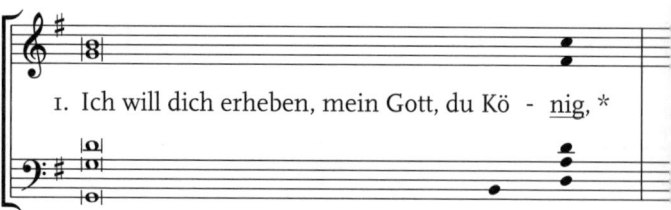

1. Ich will dich erheben, mein Gott, du Kö - <u>nig</u>, *

2. Der HERR ist groß und sehr zu lo - <u>ben</u>, *
3. Kindeskinder werden deine Werke prei - <u>sen</u> *
4. Dein Reich ist ein ewi - ges <u>Reich</u>, *

Leitvers

Ehre sei dem Vater
und dem Sohn ° und dem Heili - gen <u>Geist</u>, *

Leitvers

PSALMEN

Trinitatis

1. Timotheus 1,17

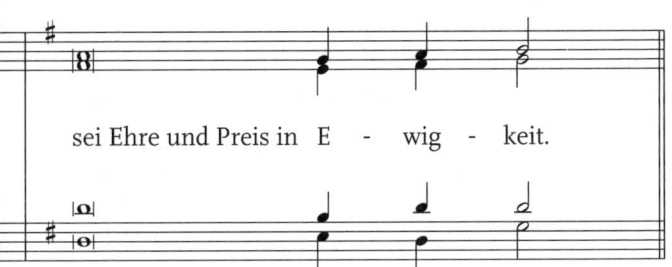

sei Ehre und Preis in E - wig - keit.

Psalm 145,1.3–4.13a

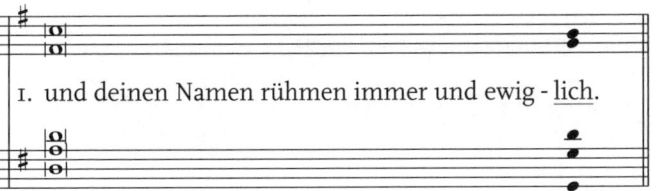

1. und deinen Namen rühmen immer und ewig - lich.

2. und seine Größe ist unausforsch - lich.
3. und deine gewaltigen Taten verkündi - gen.
4. und deine Herrschaft währet für und für.

wie im Anfang, so auch jetzt
und alle Zeit ° und in Ewigkeit. A - men.

148

Leitvers

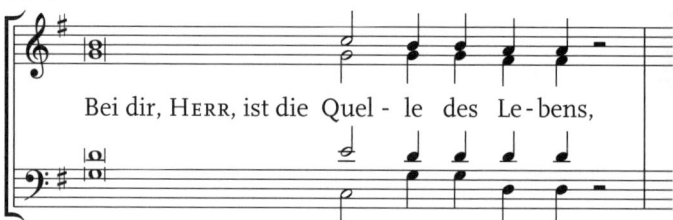

Bei dir, HERR, ist die Quel - le des Le - bens,

Psalm

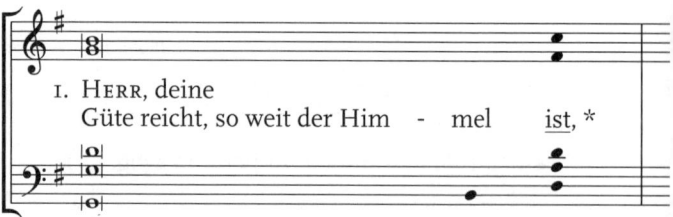

1. HERR, deine
Güte reicht, so weit der Him - mel ist, *

2. Deine
Gerechtigkeit steht wie die Berge Got - tes *

3. Wie köstlich ist deine Gü - te, Gott, *

4. Sie werden satt
von den reichen Gütern deines Hau - ses, *

Leitvers

Ehre sei dem Vater
und dem Sohn ° und dem Heili - gen Geist, *

Leitvers

Trinitatiszeit (A)

Psalm 36,10

und in deinem Lichte sehen wir das Licht.

Psalm 36,6–7a.8–9

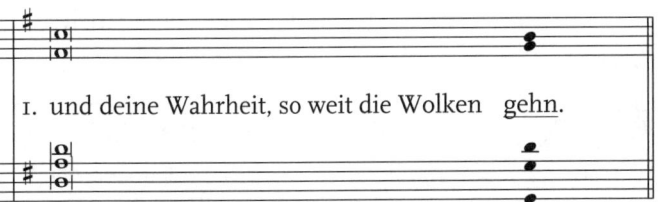

1. und deine Wahrheit, so weit die Wolken gehn.

2. und dein Recht wie die große Tie - fe.

3. dass Menschenkinder Zuflucht
   haben unter dem Schatten deiner Flü - gel!

4. und du tränkst sie
   mit Wonne wie mit einem Strom.

wie im Anfang, so auch jetzt
und alle Zeit ° und in Ewigkeit. A - men.

149

Leitvers

Fürch-te dich nicht, denn ich ha-be dich er-löst; ich ha-be dich bei dei-nem Na-men ge-ru-fen; du bist mein!

Psalm

1. _Gott sei_ uns gnädig und seg-ne uns, *
2. dass man auf Erden erkenne sei-nen Weg. *
3. Die Völker freuen sich und jauchzen, ° dass du die Menschen recht rich-test *
4. Es danken dir, Gott, die Völ-ker, *

Leitvers

Eh-re sei dem Vater und dem Soh-ne *
wie im Anfang, so auch jetzt und al-le Zeit *

Leitvers

PSALMEN

Trinitatiszeit (B)

Jesaja 43,1

Psalm 67,2–3.5–6

1. er lasse uns sein Ant - litz leuch - ten,

2. sein Heil unter al - len Hei - den.

3. und regierst die Völker auf Er - den.
4. es danken dir al - le Völ - ker.

und dem Heili - gen Geis - te,

und in Ewig - keit. A - men.

○150

Leitvers

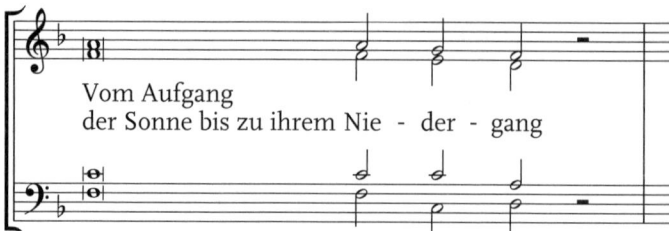

Vom Aufgang
der Sonne bis zu ihrem Nie - der - gang

Psalm

1. Wer ist wie der HERR, unser Gott, *

2. Der oben thront in der Höhe, *
3. der den Geringen aufrichtet aus dem Staube *
4. Gelobt sei der Name des HERRN *

Leitvers

Ehre sei dem Vater und
dem Sohn ° und dem Heiligen Geist, *

Leitvers

Trinitatiszeit (C)

Psalm 113,3

sei ge-lo-bet der Na-me des HERRN.

Psalm 113,5–7.2

1. im Himmel und auf Erden?
2. der herniederschaut in die Tiefe,
3. und den Armen aus dem Schmutz er-höhet.
4. von nun an bis in Ewigkeit!

wie im Anfang, so auch jetzt
und alle Zeit ° und in Ewigkeit.   Amen.

151

Leitvers

Das ist ein köst-lich Ding, dem HERRN dan-ken

Psalm

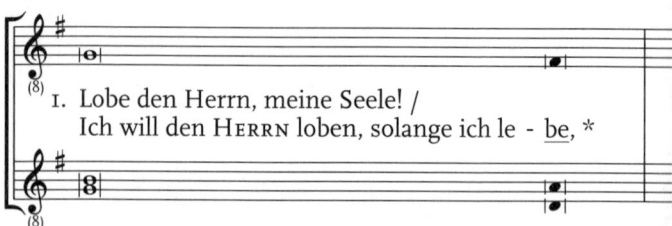

1. Lobe den Herrn, meine Seele! /
Ich will den HERRN loben, solange ich le - be, *

2. Wohl dem, dessen Hilfe der Gott Ja - kobs ist, *

3. Der HERR macht die Gefangenen frei. *

4. Der HERR richtet auf, die niedergeschla - gen sind. *

Leitvers

Ehre sei dem Vater und dem Sohn *

wie im Anfang, so auch jetzt und alle Zeit *

Leitvers

PSALMEN

Trinitatiszeit (D) – Danktage

Psalm 92,2

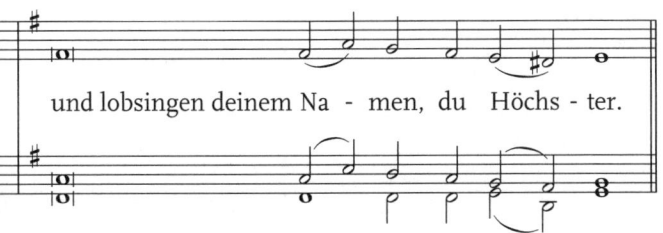

Psalm 146,1.2.5.7c.8

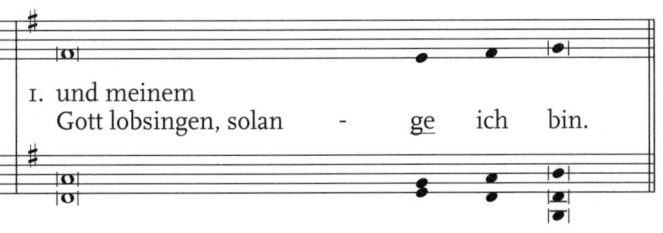

2. der seine
   Hoffnung setzt auf den HERRN, sei - nen Gott.
3. Der HERR macht die Blin - den sehend.
4. Der Herr liebt die Ge - rechten.

und dem Hei - - li - gen Geist,
und in E - - - wig - keit. Amen.

152

Leitvers

Nach dir, Herr, ver-lan-get mich.

Psalm

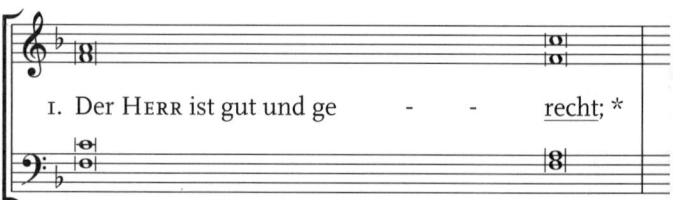

1. Der Herr ist gut und ge — — recht; *

2. Die Wege des Herrn sind lauter Güte und Treue *
3. Der Herr ist denen Freund, die ihn fürchten; *
4. Meine Augen sehen stets auf den Herrn; *

Leitvers

>Ehre sei dem Vater und
>dem Sohn ° und dem Heiligen Geist, *

Leitvers

PSALMEN

Trinitatiszeit (E)

Psalm 25,1–2a

Mein Gott, ich hof - fe auf dich.

Psalm 25,8.10.14–15

1. darum weist er Sündern den Weg.

2. für alle, die seinen Bund und seine Gebote halten.
3. und seinen Bund lässt er sie wissen.
4. denn er wird meinen Fuß aus dem Netze ziehen.

wie im Anfang, so auch jetzt
und alle Zeit ° und in Ewigkeit. Amen.

153

Leitvers

Gott, unser
Schild, schaue
doch; / sieh an das Antlitz dei-nes Ge-salb-ten!

Psalm

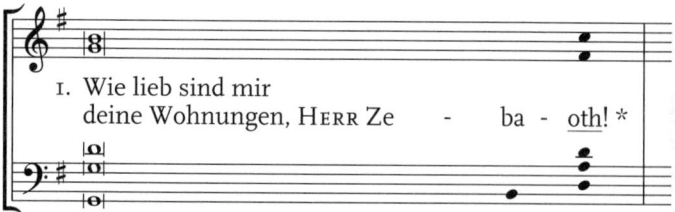

1. Wie lieb sind mir
deine Wohnungen, HERR Ze - ba - <u>oth</u>! *

2. mein Leib und Seele freu - en <u>sich</u> *

3. Der Vogel hat ein Haus gefunden °
und die Schwalbe ein Nest für ihre Jun - <u>gen</u> – *

4. Wohl denen, die in deinem Hause woh - <u>nen</u>; *

Leitvers

Ehre sei dem Vater
und dem Sohn ° und dem Heili - gen <u>Geist</u>, *

Leitvers

PSALMEN

Trinitatiszeit (F) – Kirchweih

Psalm 84,10–11a

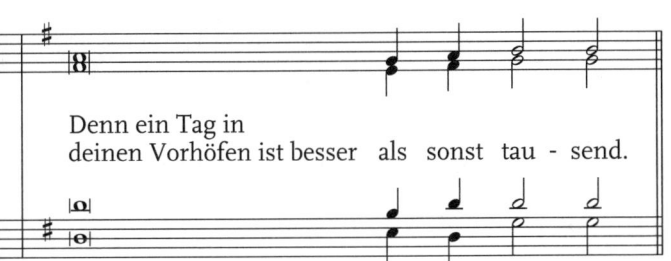

Denn ein Tag in
deinen Vorhöfen ist besser als sonst tau - send.

Psalm 84,2–5

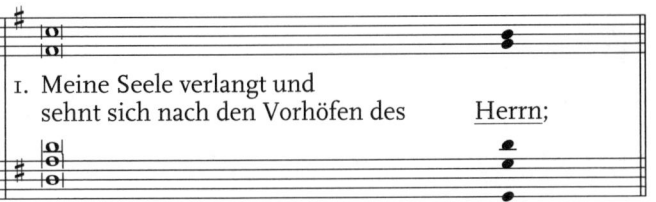

1. Meine Seele verlangt und
sehnt sich nach den Vorhöfen des Herrn;

2. in dem lebendigen Gott.

3. deine Altäre,
HERR Zebaoth, mein König und mein Gott.

4. die loben dich immer - - - dar.

wie im Anfang, so auch jetzt
und alle Zeit ° und in Ewigkeit. A - men.

154

Leitvers

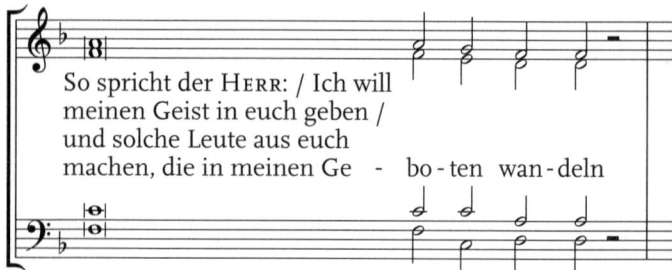

So spricht der HERR: / Ich will meinen Geist in euch geben / und solche Leute aus euch machen, die in meinen Ge - bo - ten wan - deln

Psalm

1. Das Gesetz des HERRN ist voll - kommen *

2. Das Zeugnis des HERRN ist ge - wiss *

3. Die Befehle des HERRN sind richtig *

4. Die Gebote des HERRN sind lauter *

Leitvers

Ehre sei dem Vater und
dem Sohn ° und dem Heiligen Geist, *

Leitvers

Trinitatiszeit (G) – Kirchenversammlung

Hesekiel 36,27

und mei-ne Rech-te hal-ten und da-nach tun.

Psalm 19,8–9

1. und erquicket die Seele.

2. und macht die Unverständigen weise.
3. und erfreuen das Herz.
4. und erleuchten die Augen.

wie im Anfang, so auch jetzt
und alle Zeit ° und in Ewigkeit.   Amen.

155

Leitvers

Bei dem HERRN ist die Gna - de
und viel Er - lö - sung bei ihm.

Psalm

1. *Aus der* Tiefe rufe
ich, HERR, zu dir, Herr, höre meine Stim-me! *

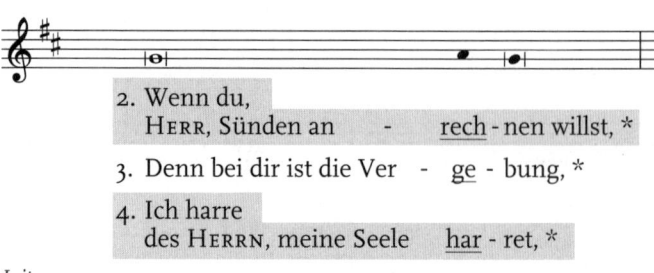

2. Wenn du,
HERR, Sünden an - rech - nen willst, *

3. Denn bei dir ist die Ver - ge - bung, *

4. Ich harre
des HERRN, meine Seele har - ret, *

Leitvers

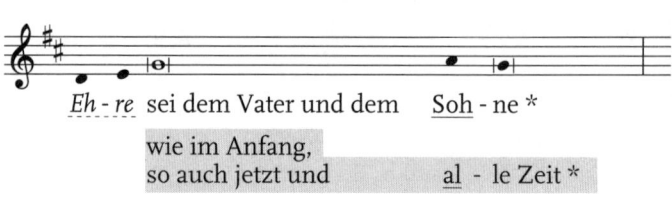

Eh - re sei dem Vater und dem Soh - ne *

wie im Anfang,
so auch jetzt und al - le Zeit *

Leitvers

PSALMEN

Bußtag – Aschermittwoch

Psalm 130,7b

Psalm 130,1–5

1. Lass deine Ohren
   merken auf die Stimme mei - nes Fle - hens!

2. HERR, wer wird be - ste - hen?
3. dass man dich fürch - te.

4. und ich hoffe auf sein Wort.

und dem Heili - - gen Geis - te,

und in Ewig - - keit. A - men.

156

Leitvers

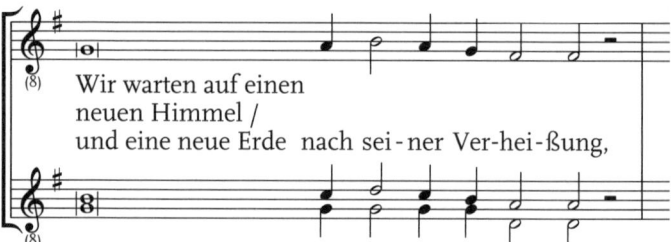

Wir warten auf einen neuen Himmel /
und eine neue Erde nach seiner Verheißung,

Psalm

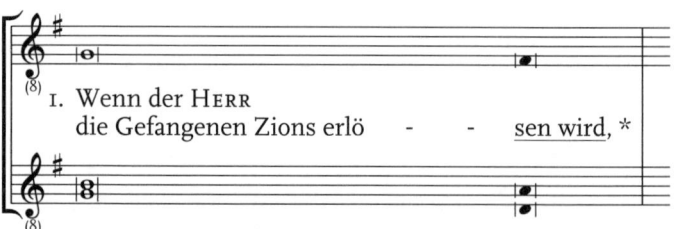

1. Wenn der HERR
die Gefangenen Zions erlö - - sen wird, *

2. Dann wird unser Mund voll La - chens *
3. Die mit Tränen sä - - - en, *
4. Sie gehen hin
und weinen / und streuen ihren Sa - men *

Leitvers

Ehre sei dem Vater und dem Sohn *
wie im Anfang, so auch jetzt und alle Zeit *

Leitvers

PSALMEN

Ende des Kirchenjahres – Gedenktag der Heiligen

2. Petrus 3,13

Psalm 126,1–2.5–6

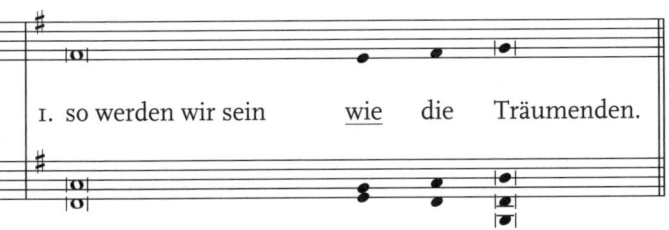

2. und unsere Zun - ge voll Rühmens sein.
3. werden mit Freu - den ernten.
4. und kommen
mit Freuden und bringen ih - re Garben.

und dem Hei - li - gen Geist,
und in E - - wig - keit. Amen.

157

Leitvers

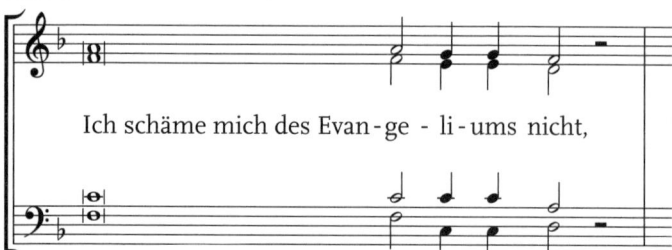

Ich schäme mich des Evangeliums nicht,

Psalm

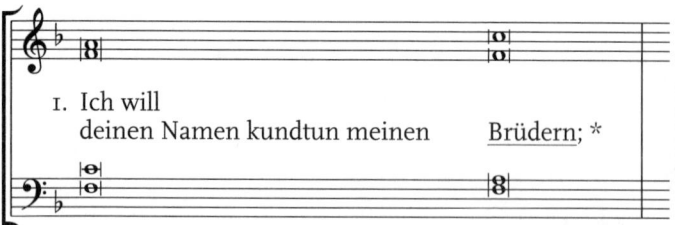

1. Ich will
deinen Namen kundtun meinen Brüdern; *

2. Es werden gedenken und sich
zum HERRN bekehren aller Welt Enden *

3. Denn des HERRN ist das Reich, *

4. Sie werden kommen
und seine Gerechtigkeit predigen *

Leitvers

Ehre sei dem Vater und
dem Sohn ° und dem Heiligen Geist, *

Leitvers

PSALMEN

Gedenktag der Reformation –
Gedenktag der Augsburgischen Konfession –
Ordination – Vor der Wahl in ein kirchliches Amt

Römer 1,16

denn es ist
eine Kraft Got -
tes, / die da selig macht al-le, die da-ran glau-ben.

Psalm 22,23.28–29.32

1. ich will dich in der Gemeinde rühmen.

2. und vor ihm anbeten alle Geschlechter der Heiden.

3. und er herrscht unter den Heiden.

4. dem Volk, das ge - - - - boren wird.

wie im Anfang, so auch jetzt
und alle Zeit ° und in Ewigkeit. Amen.

PSALMEN

○158

Leitvers

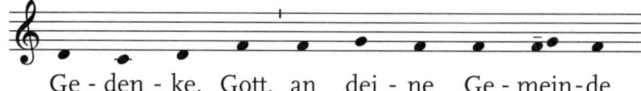

Ge-den-ke, Gott, an dei-ne Ge-mein-de, die du vor Zei-ten er-wor-ben und dir zum Erb-teil er-löst hast.

Psalm

1. HERR, ge-denke meiner nach der Gna-de, *

2. Erweise an uns deine Hil-fe, *

3. Wir haben gesündigt samt unsern Vä-tern, *

4. Hilf uns, HERR, unser Gott, und bring uns zusammen aus den Hei-den, *

5. Gelobt sei der HERR, der Gott Is-raels, *

Leitvers

Eh-re sei dem Vater und dem Soh-ne *

wie im Anfang, so auch jetzt und al-le Zeit *

Leitvers

PSALMEN

10. Sonntag nach Trinitatis – Christen und Juden

Psalm 74,2

Psalm 106,4.5a.6.47a.48a

1. die du deinem Volk ver - hei - ßen hast;

2. dass wir
sehen das Heil deiner Aus - er - wähl - ten.

3. wir haben
unrecht getan und sind gottlos ge - wor - den.

4. dass wir preisen deinen heili - gen Na - men.

5. von Ewigkeit zu E - wigkeit.

und dem Heili - - gen Geis - te,

und in Ewig - - keit. A - men.

159

Leitvers

Fürch - te dich nicht, du klei - ne Her - de, denn es ist eu - res Va - ters Wohl - ge - fal - len, euch das Reich zu ge - ben.

Psalm

1. <u>Gott sei</u> uns gnädig und <u>seg</u> - ne uns, *
2. dass man auf Erden erkenne <u>sei</u> - nen Weg. *
3. Die Völker freuen sich und jauchzen, °
   dass du die Menschen recht <u>rich</u> - test *
4. Es danken dir, Gott, die <u>Völ</u> - ker, *

Leitvers

<u>Eh - re</u> sei dem Vater und dem <u>Soh</u> - ne *
wie im Anfang, so auch jetzt und <u>al</u> - le Zeit *

Leitvers

PSALMEN

Bitte um den Heiligen Geist – Einheit der Kirche – Ausbreitung des Evangeliums

Lukas 12,32

Psalm 67,2–3.5–6

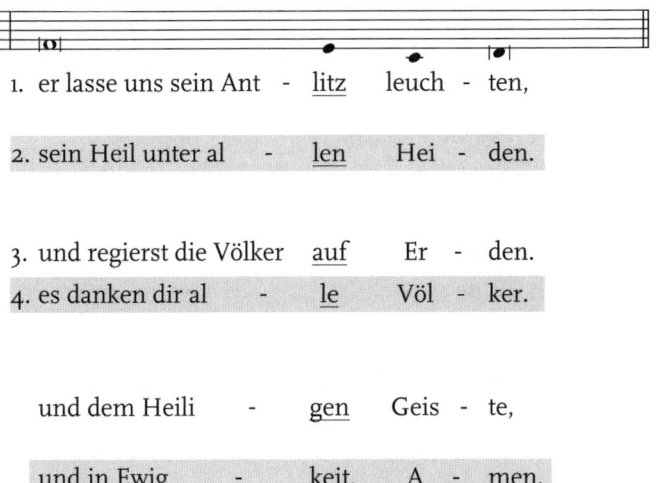

1. er lasse uns sein Ant - litz leuch - ten,

2. sein Heil unter al - len Hei - den.

3. und regierst die Völker auf Er - den.
4. es danken dir al - le Völ - ker.

und dem Heili - gen Geis - te,

und in Ewig - keit. A - men.

160

Leitvers

HERR, er-wei-se uns dei-ne Gna-de

Psalm

1. HERR, der du die Missetat
   vormals vergeben hast deinem Volk *

2. Hilf uns, Gott, unser Heiland, *

3. Ach, dass ich
   hören sollte, was Gott der HERR redet, *

4. dass Güte und Treue einander be-gegnen, *

5. dass Treue auf der Erde wachse, *

6. dass uns auch der HERR Gutes tue, *

7. dass Gerechtigkeit vor ihm her gehe *

Leitvers

Ehre sei dem Vater und
dem Sohn ° und dem Heiligen Geist, *

Leitvers

PSALMEN

Bitte um Frieden und Schutz des Lebens

Psalm 85,8

und gib uns dein Heil!

Psalm 85,3.5.9.11–14

1. und alle seine Sünde be - deckt hast;

2. und lass ab von deiner Ungnade über uns!

3. dass er Frieden
zusagte seinem Volk und seinen Heiligen,

4. Gerechtigkeit und Frieden sich küssen;

5. und Gerechtigkeit vom Himmel schaue;

6. und unser Land seine Frucht gebe;

7. und seinen Schritten folge.

wie im Anfang, so auch jetzt
und alle Zeit ° und in Ewigkeit. Amen.

ZUM GEBRAUCH DES LIEDERBUCHES

Das Liederbuch „Singt von Hoffnung" enthält neue Lieder für die Gemeinde. Einige liegen bereits gedruckt vor. Andere Texte und Melodien sind nach einem Aufruf eines Arbeitskreises zur Vorbereitung dieses Liederbuches zu besonderen gottesdienstlichen Anlässen und Themen entstanden. Unter Leitung des Landeskirchenmusikdirektors gehörten zu diesem Arbeitskreis Fachleute für Kirchenmusik, für Jugendmusik und für das Singen mit Kindern, weiterhin Verantwortliche des Kirchenchorwerkes, der Hochschule für Kirchenmusik und der Sächsischen Posaunenmission. Aus den zahlreichen Vorschlägen und Einsendungen musste eine durch den Umfang dieses Liedhefts begrenzte Anzahl von Liedern ausgewählt werden.

Die vorliegenden 135 Lieder repräsentieren ein breites Spektrum theologischer Ausrichtung und musikalischer Gestaltung. Viele neue Melodien werden sich schnell einprägen. Manche Lieder, die bereits in Jungen Gemeinden und aus Jugendgottesdiensten bekannt sind, werden sich mit einer Instrumentalbegleitung leichter im Gottesdienst der Gesamtgemeinde singen lassen und eine Brücke zwischen den Generationen schlagen. Viele Lieder sind auch zum Singen mit Kindern und für Familiengottesdienste geeignet. Die Auswahl will zu einem gemeinsamen Bestand an neuen Liedern in unseren Gemeinden beitragen. Dazu erscheinen ein Tastenbegleitbuch und ein Bläserheft.

ZUM GEBRAUCH DES LIEDERBUCHES

Die Anordnung der Lieder und das Register mit seinen Gruppierungen „Kirchenjahr", „Gottesdienst", „Glaube–Liebe–Hoffnung" und die Verweise auf andere Themen helfen zur leichten Orientierung. Bei vielen Liedern sind neben der Herkunft des Textes (T) und der Melodie (M) auch Bibelstellen (B) verzeichnet. Allen Liednummern ist eine „0" vorangestellt, um die Lieder dieses Buches eindeutig anzeigen zu können.

Das Liederbuch enthält Psalmen zum Gottesdienst. Die Auswahl der Psalmen mit mehrstimmigen oder gregorianischen Melodien entspricht der „allgemeinen Reihe" der Psalmen im Ergänzungsband zum Evangelischen Gottesdienstbuch (S. 208 ff. mit Erläuterungen). Diese Kernpsalmen bleiben an mehreren Sonntagen hintereinander gleich und können sich so besser einprägen. Sie können im Wechsel gesprochen werden. Sie treten dann an die Stelle der im Evangelischen Gesangbuch abgedruckten Psalmgebete (Nr. 702–760), die der Liturgische Kalender (Nr. 954) den einzelnen Sonn- und Festtagen zuordnet.

Von Anfang an hat die Christenheit in ihren Gottesdiensten und zu Hause von ihrem Glauben, von ihren Glaubenserfahrungen und ihrer Hoffnung gesungen. Die Lieder dieses Heftes sollen helfen, den Grund unserer Hoffnung zu erfassen und auf neue Weise von Hoffnung zu singen.

LIEDER UND GESÄNGE

KIRCHENJAHR

ADVENT

1 Singet fröhlich im Advent
2 Immer wieder wird Advent
3 In der Dunkelheit erwarten wir ein Licht
4 Wir ziehen vor die Tore der Stadt

    112 *Tragt in die Welt nun ein Licht*

WEIHNACHTEN

5 Erfreue dich, Himmel
6 Stern über Bethlehem
7 Geh, trag den Ruf nach draußen
8 Aus der Armut eines Stalles

    85 *Gott liebt die Welt mit ihrer Schuld*

PASSION

9 Hört das Lied der finstern Nacht
10 Christi Kreuz vor Augen
11 Für alle Schuld, die wir getan
12 Für mich gingst du nach Golgatha

    4 *Wir ziehen vor die Tore der Stadt*
    84 *Du bist vorbeigegangen*

OSTERN

13 Jubilate coeli (Kanon)
14 Der Herr ist auferstanden (Kanon)
15 Sing Halleluja unserm Herrn / Sing Halleluja to the Lord
16 Gott hat den Sieg
17 Manchmal feiern wir mitten im Tag

    97 *Seid nicht bekümmert*

LIEDER UND GESÄNGE

HIMMELFAHRT

- 18 Wir feiern deine Himmelfahrt
- 19 Was ist Himmel?
- 20 Jesus lebt, ist auferstanden

PFINGSTEN

- 21 Komm, Heilger Geist, mit deiner Kraft
- 22 Wasser vom Himmel, fließe zur Erde
- 23 Herr, das Licht deiner Liebe leuchtet auf / Lord, the light of Your love is shining
- 24 Alle meine Quellen entspringen in dir

    60 *Komm, Herr, Heiliger Geist, kehre unsre Herzen aus*

TRINITATIS

- 25 Gott des ganzen Weltalls

    24 *Alle meine Quellen entspringen in dir*

JOHANNISTAG (24. Juni)

- 26 Das Jahr steht auf der Höhe

MICHAELISTAG (29. September)

- 27 Wer auf Gott vertraut

    63 *Segne uns, o Herr*
    97 *Seid nicht bekümmert*

ERNTEDANK

- 28 Schön ist es, Herr, dir unsern Dank zu bringen
- 29 Erntezeit, Dankezeit

ENDE DES KIRCHENJAHRES

- 30 O Herr, wenn du kommst, wird die Welt wieder neu
- 31 Die Gott lieben werden sein wie die Sonne
- 32 We shall overcome

    16 *Gott hat den Sieg*
    93 *Zünde an dein Feuer*
    103 *Wenn wir mit offnen Herzen hören*

LIEDER UND GESÄNGE

GOTTESDIENST

EINGANG

33 Wir sind hier zusammen (Kanon)
34 Ein Fest für Leib und Seele
35 Wo zwei oder drei in meinem Namen (Kanon)

LITURGISCHE GESÄNGE

36 Kyrie
37 Herr, erhöre
38 Kyrie

    91 *Meine engen Grenzen*

39 Ehre sei Gott
40 Halleluja
41 Confitemini Domino

    15 *Sing Halleluja, unserm Herrn*

42 Ich glaube an Gott, den Vater
43 Du, Gott, bist Herr, der Schöpfer der Welt
44 Wir glauben Gott, die Kraft, die alles schuf

    24 *Alle meine Quellen entspringen in dir*

45 Vater unser im Himmel (Kanon)
46 Vater unser im Himmel
47 Bist zu uns wie ein Vater

    114 *Ubi caritas*

TAUFE / TAUFGEDÄCHTNIS

48 Wir danken dir, Herr Jesu Christ
49 Ein Kind ist angekommen
50 Das Wasser der Erde wird zum Wasser des Himmels
51 Segne dieses Kind
52 Ein neuer Mensch kam auf die Welt

    22 *Wasser vom Himmel, fließe zur Erde*
    58 *Du hast zum Kind mich angenommen*
    83 *Wir nehmen Heil aus deiner Hand*
    107 *Ich tauche in dich ein*

LIEDER UND GESÄNGE

ABENDMAHL

53 Wer geweint hat
54 Ich bin das Brot
55 Schmecket und sehet
56 Würdig das Lamm (Kanon)
57 Heut wird gefeiert

    80 *Dass du mich einstimmen lässt*

BEICHTE

58 Du hast zum Kind mich angenommen
59 Jesus, zu dir kann ich so kommen, wie ich bin
60 Komm, Herr, Heiliger Geist, kehre unsre Herzen aus

    90 *Aus der Tiefe rufe ich zu dir*
    91 *Meine engen Grenzen*

TRAUUNG / GEDENKTAGE

61 Gott, unser Festtag ist gekommen
62 Wir haben reichlich Segen erfahren

    82 *Gott, dir sei Dank für meines Lebens Zeit*
    119 *Behüte, Herr, die ich dir anbefehle*

SENDUNG / SEGEN

63 Segne uns, o Herr
64 Herr, wir bitten, komm und segne uns
65 Mögen sich die Wege vor deinen Füßen ebnen
66 Geh unter der Gnade
67 Viele kleine Leute (Kanon)
68 Friede sei mir dir
69 Seid fröhlich in der Hoffnung

    27 *Wer auf Gott vertraut*
    94 *Ich bin bei euch alle Tage*
    97 *Seid nicht bekümmert*
    112 *Tragt in die Welt nun ein Licht*
    123 *Unfriede herrscht auf der Erde*

LIEDER UND GESÄNGE

CHRISTEN UND JUDEN

70 Israel und Christenheit
71 Hineh ma tov uma naim / Schön ist's, wenn Schwestern und Brüder (Kanon)
72 In jenen letzten Tagen wird's geschehn
73 Wir haben Gottes Spuren festgestellt

GLAUBE – LIEBE – HOFFNUNG

LOB UND DANK

74 Kommt in sein Tor
75 Singt dem Herrn und lobt ihn
76 Lobe den Herrn! Sing ihm dein Lied!
77 Lobe den Herrn, meine Seele
78 Dankt dem Herrn
79 Ich lobe meinen Gott, der aus der Tiefe mich holt
80 Dass du mich einstimmen lässt
81 Unser Lied soll ein Lob für dich sein
82 Gott, dir sei Dank für meines Lebens Zeit

    24 *Alle meine Quellen entspringen in dir*
    28 *Schön ist es, Herr, dir unsern Dank zu bringen*

CHRISTUS – DIE MITTE

83 Wir nehmen Heil aus deiner Hand
84 Du bist vorbeigegangen
85 Gott liebt die Welt mit ihrer Schuld
86 Jesu, meine Freude ... Jesu, wahrer Gott
87 Stimme, die Stein zerbricht
88 Du bist der Weg und die Wahrheit und das Leben
89 Es gibt bedingungslose Liebe

ANGST UND VERTRAUEN

90 Aus der Tiefe rufe ich zu dir
91 Meine engen Grenzen

LIEDER UND GESÄNGE

- 92 Wenn die Last der Welt dir zu schaffen macht
- 93 Zünde an dein Feuer
- 94 Ich bin bei euch alle Tage
- 95 Du verwandelst meine Trauer in Freude (Kanon)
- 96 Du hast mir so oft neuen Mut gegeben
- 97 Seid nicht bekümmert
- 98 Meine Hoffnung und meine Freude

    - 27 *Wer auf Gott vertraut*
    - 86 *Jesu, meine Freude ... Jesu, wahrer Gott*
    - 87 *Stimme, die Stein zerbricht*

UMKEHR UND NACHFOLGE

- 99 Kommt, atmet auf
- 100 Wir erkennen: Gott ist unser Licht / Siya hamb' / We are marching
- 101 Mein Gott, das muss anders werden
- 102 Komm, wir brechen auf
- 103 Wenn wir mit offnen Herzen hören
- 104 Steig in das Boot. Nimm die Netze
- 105 Unser Leben sei ein Fest

    - 31 *Die Gott lieben, werden sein wie die Sonne*
    - 58 *Du hast zum Kind mich angenommen*
    - 69 *Seid fröhlich in der Hoffnung*
    - 88 *Du bist der Weg und die Wahrheit und das Leben*

GEBORGEN IN GOTTES LIEBE

- 106 Ich bin in guten Händen
- 107 Ich tauche in dich ein
- 108 Keinem von uns ist Gott fern
- 109 Wie in einer zärtlichen Hand (Kanon)
- 110 Du bist Gottes Liebe
- 111 Meine Zeit steht in deinen Händen

    - 59 *Jesus, zu dir kann ich so kommen, wie ich bin*
    - 85 *Gott liebt die Welt mit ihrer Schuld*
    - 127 *Durch die Nebelwand dringt ein Sonnenstrahl*

LIEDER UND GESÄNGE

NÄCHSTENLIEBE / FRIEDEN

112 Tragt in die Welt nun ein Licht
113 Ins Wasser fällt ein Stein
114 Ubi caritas et amor / Wo die Liebe wohnt und Güte
115 Wenn das Brot, das wir teilen
116 Herzen, die kalt sind wie Hartgeld
117 Wie ein Fest nach langer Trauer
118 Gut, dass wir einander haben
119 Behüte, Herr, die ich dir anbefehle
120 Wo Menschen sich vergessen
121 Wo ein Mensch Vertrauen gibt
122 Wenn wir doch wüssten
123 Unfriede herrscht auf der Erde / Ciągły niepokój na świecie
124 Frieden wird werden
125 Mit der Erde kannst du spielen

    32 *We shall overcome*
    68 *Friede sei mit dir*
    71 *Hineh ma tov uma naim / Schön ist's, wenn Schwestern und Brüder (Kanon)*
    73 *Wir haben Gottes Spuren festgestellt*

TAGESLAUF

126 Ein neuer Tag beginnt
127 Durch die Nebelwand dringt ein Sonnenstrahl
128 Halte zu mir, guter Gott
129 Fröhlich, fröhlich ist das Volk
130 Ein Neues beginnt
131 Die Sonne ist am Horizont verschwunden
132 Herr, am Ende dieses Tages
133 Wie ein Wind, der leise weht

    17 *Manchmal feiern wir mitten im Tag*
    111 *Meine Zeit steht in deinen Händen*

LIEDER UND GESÄNGE

STERBEN / EWIGES LEBEN

- 134 Wie sollen wir es fassen
- 135 Wir sind mitten im Leben
    - 18 *Wir feiern deine Himmelfahrt*
    - 20 *Jesus lebt, ist auferstanden*
    - 30 *O Herr, wenn du kommst, wird die Welt wieder neu*

PSALMEN

- 136 Adventszeit
- 137 Weihnachtszeit
- 138 Altjahrsabend – Neujahr
- 139 Epiphaniaszeit
- 140 Sonntage vor der Passionszeit
- 141 Passionszeit
- 142 Palmsonntag bis Karsamstag
- 143 Gründonnerstag
- 144 Osterzeit
- 145 Christi Himmelfahrt – Exaudi
- 146 Pfingstfest – Danktage – Konfirmation
- 147 Trinitatis
- 148 Trinitatiszeit (A)
- 149 Trinitatiszeit (B)
- 150 Trinitatiszeit (C)
- 151 Trinitatiszeit (D) – Danktage
- 152 Trinitatiszeit (E)
- 153 Trinitatiszeit (F) – Kirchweih
- 154 Trinitatiszeit (G) – Kirchenversammlung
- 155 Bußtag – Aschermittwoch
- 156 Ende des Kirchenjahres – Gedenktage der Heiligen
- 157 Gedenktag der Reformation – Gedenktag der Augsburgischen Konfession – Ordination – Vor der Wahl in ein kirchliches Amt
- 158 10. Sonntag nach Trinitatis – Christen und Juden
- 159 Bitte um den Heiligen Geist – Einheit der Kirche – Ausbreitung des Evangeliums
- 160 Bitte um Frieden und Schutz des Lebens

THEMATISCHE HINWEISE

ALTER

- 62 Wir haben reichlich Segen erfahren
- 82 Gott, dir sei Dank für meines Lebens Zeit

ARBEIT

- 129 Fröhlich, fröhlich ist das Volk
- 130 Ein Neues beginnt
- 131 Die Sonne ist am Horizont verschwunden

BEKENNTNIS

- 24 Alle meine Quellen entspringen in dir
- 88 Du bist der Weg und die Wahrheit und das Leben
- 89 Es gibt bedingungslose Liebe
    siehe auch *Liturgische Gesänge*

BUSSTAG / BUSSE

- 58 Du hast zum Kind mich angenommen
- 90 Aus der Tiefe rufe ich zu dir
- 92 Meine engen Grenzen
- 107 Ich tauche in dich ein
- 116 Herzen, die kalt sind wie Hartgeld
    siehe auch *Beichte* und *Umkehr und Nachfolge*

GEBET

- 92 Wenn die Last der Welt dir zu schaffen macht
- 93 Zünde an dein Feuer

GEBURT

- 51 Segne dieses Kind
- 52 Ein neuer Mensch kam auf die Welt

GEMEINSCHAFT

- 32 We shall overcome
- 103 Wenn wir mit offnen Herzen hören
- 115 Wenn das Brot, das wir teilen
- 118 Gut, dass wir einander haben
- 121 Wo ein Mensch Vertrauen gibt

GLOCKENWEIHE / KIRCHWEIH

siehe *Lob und Dank*

KONFIRMATION

siehe *Taufe / Taufgedächtnis* und *Umkehr und Nachfolge*

MARTINSFEST (11. November)

siehe *Nächstenliebe* und *Gemeinschaft*

THEMATISCHE HINWEISE

NEUBEGINN

- 120 Wo Menschen sich vergessen
- 130 Ein Neues beginnt

OSTERNACHT

siehe *Ostern*, *Taufe* und *Umkehr und Nachfolge*

PSALMLIEDER

- 106 Ich bin in guten Händen (Ps. 23)
- 75 Singt dem Herrn und lobt ihn (Ps. 96,2; Ps. 103)
- 76 Lobe den Herrn! Sing ihm dein Lied! (Ps. 103)
- 77 Lobe den Herrn, meine Seele (Ps. 103)
- 90 Aus der Tiefe rufe ich zu dir (Ps. 130)

RECHTFERTIGUNG

- 58 Du hast zum Kind mich angenommen
- 83 Wir nehmen Heil aus deiner Hand
- 85 Gott liebt die Welt mit ihrer Schuld

REFORMATIONSTAG (31. Oktober)

siehe *Rechtfertigung* und *Umkehr und Nachfolge*

RÜCKSCHAU

- 62 Wir haben reichlich Segen erfahren
- 82 Gott, dir sei Dank für meines Lebens Zeit

SCHÖPFUNG

- 125 Mit der Erde kannst du spielen
  siehe auch *Erntedank*

SCHULE / SCHULANFANG

- 118 Gut, dass wir einander haben
- 120 Wo Menschen sich vergessen
- 121 Wo ein Mensch Vertrauen gibt
- 130 Ein Neues beginnt
  siehe auch *Tageslauf*

UNGLÜCK UND TRAUER

- 84 Du bist vorbeigegangen
- 90 Aus der Tiefe rufe ich zu dir
- 134 Wie sollen wir es fassen
- 135 Wir sind mitten im Leben
  siehe auch *Angst und Vertrauen*

VERSÖHNUNG

- 117 Wie ein Fest nach langer Trauer
- 120 Wo Menschen sich vergessen
  siehe auch *Nächstenliebe / Frieden*

ALPHABETISCHES VERZEICHNIS DER LIEDER UND GESÄNGE

Kursiv gedruckt sind Originaltitel, die vom Textanfang des Liedes abweichen

24	Alle meine Quellen entspringen in dir
89	*Anker in der Zeit*
8	Aus der Armut eines Stalles
90	Aus der Tiefe rufe ich zu dir
119	Behüte, Herr, die ich dir anbefehle
47	Bist zu uns wie ein Vater
10	Christi Kreuz vor Augen
123	Ciągły niepokój na świecie / Unfriede herrscht auf der Erde
41	Confitemini Domino
120	*Da berühren sich Himmel und Erde*
127	*Danken – Staunen*
78	Dankt dem Herrn
26	Das Jahr steht auf der Höhe
50	Das Wasser der Erde wird zum Wasser des Himmels
80	Dass du mich einstimmen lässt
27	*Denn er hat seinen Engeln befohlen*
14	Der Herr ist auferstanden (Kanon)
31	Die Gott lieben werden sein wie die Sonne
131	Die Sonne ist am Horizont verschwunden
88	Du bist
110	Du bist Gottes Liebe
84	Du bist vorbeigegangen
96	Du hast mir so oft neuen Mut gegeben
58	Du hast zum Kind mich angenommen
95	Du verwandelst meine Trauer in Freude (Kanon)
43	Du, Gott, bist Herr, der Schöpfer der Welt
127	Durch die Nebelwand dringt ein Sonnenstrahl
39	Ehre sei Gott
34	Ein Fest für Leib und Seele

ALPHABETISCHES VERZEICHNIS

49	Ein Kind ist angekommen
84	*Ein Lied zu Jesus Christus*
52	Ein neuer Mensch kam auf die Welt
126	Ein neuer Tag beginnt
130	Ein Neues beginnt
125	*Eine Handvoll Erde*
5	Erfreue dich, Himmel
29	Erntezeit, Dankezeit
89	Es gibt bedingungslose Liebe
103	*Ewigkeit*
68	Friede sei mir dir
124	Frieden wird werden
129	Fröhlich, fröhlich ist das Volk
11	Für alle Schuld, die wir getan
12	Für mich gingst du nach Golgatha
66	Geh unter der Gnade
7	Geh, trag den Ruf nach draußen
25	Gott des ganzen Weltalls
16	Gott hat den Sieg
92	*Gott hört dein Gebet*
85	Gott liebt die Welt mit ihrer Schuld
110	*Gott ist kein Gedanke*
82	Gott, dir sei Dank für meines Lebens Zeit
61	Gott, unser Festtag ist gekommen
118	Gut, dass wir einander haben
40	Halleluja (orthodox)
128	Halte zu mir, guter Gott
132	Herr, am Ende dieses Tages
23	Herr, das Licht deiner Liebe leuchtet auf / Lord, the light of Your love is shining
37	Herr, erhöre (orthodox)
64	Herr, wir bitten, komm und segne uns
116	Herzen, die kalt sind wie Hartgeld
57	Heut wird gefeiert
71	Hineh ma tov uma naim / Schön ist's, wenn Schwestern und Brüder (Kanon)
9	Hört das Lied der finstern Nacht

LIEDER UND GESÄNGE

- 94 Ich bin bei euch alle Tage
- 54 Ich bin das Brot
- 106 Ich bin in guten Händen
- 96 *Ich danke dir, mein Gott*
- 42 Ich glaube an Gott, den Vater
- 79 Ich lobe meinen Gott, der aus der Tiefe mich holt
- 107 Ich tauche in dich ein
- 2 Immer wieder wird Advent
- 3 In der Dunkelheit erwarten wir ein Licht
- 106 *In guten Händen*
- 72 In jenen letzten Tagen wird's geschehn
- 113 Ins Wasser fällt ein Stein
- 70 Israel und Christenheit

- 86 Jesu, meine Freude ... Jesu, wahrer Gott
- 20 Jesus lebt, ist auferstanden
- 23 *Jesus, dein Licht*
- 59 Jesus, zu dir kann ich so kommen, wie ich bin
- 13 Jubilate coeli (Kanon)

- 108 Keinem von uns ist Gott fern
- 21 Komm, Heilger Geist, mit deiner Kraft
- 60 Komm, Herr, Heiliger Geist, kehre unsre Herzen aus
- 102 Komm, wir brechen auf
- 74 Kommt in sein Tor
- 99 Kommt, atmet auf
- 36 Kyrie (Taizé)
- 38 Kyrie (Taizé)

- 76 Lobe den Herrn! Sing ihm dein Lied!
- 77 Lobe den Herrn, meine Seele
- 23 Lord, the light of Your love is shining /
  Herr, das Licht deiner Liebe leuchtet auf

- 17 Manchmal feiern wir mitten im Tag
- 101 Mein Gott, das muss anders werden
- 91 Meine engen Grenzen
- 98 Meine Hoffnung und meine Freude /
  O ma joie et mon espérance

ALPHABETISCHES VERZEICHNIS

- 111 Meine Zeit steht in deinen Händen
- 125 Mit der Erde kannst du spielen
- 65 Mögen sich die Wege vor deinen Füßen ebnen

- 30 O Herr, wenn du kommst, wird die Welt wieder neu
- 98 O ma joie et mon espérance /
  Meine Hoffnung und meine Freude

- 55 Schmecket und sehet
- 28 Schön ist es, Herr, dir unsern Dank zu bringen
- 71 Schön ist's, wenn Schwestern und Brüder /
  Hineh ma tov uma naim (Kanon)
- 51 Segne dieses Kind
- 63 Segne uns, o Herr
- 69 Seid fröhlich in der Hoffnung
- 97 Seid nicht bekümmert
- 23 *Shine, Jesus, shine*
- 100 Siya hamb' ekukhanyen'-kwen-khos' / Wir erkennen:
  Gott ist unser Licht / We are marching in the light of God
- 15 Sing Halleluja unserm Herrn /
  Sing Halleluja to the Lord
- 1 Singet fröhlich im Advent
- 75 Singt dem Herrn und lobt ihn
- 53 *So soll es sein*
- 104 Steig in das Boot. Nimm die Netze
- 6 Stern über Bethlehem
- 87 Stimme, die Stein zerbricht

- 112 Tragt in die Welt nun ein Licht

- 114 Ubi caritas et amor / Wo die Liebe wohnt und Güte
- 123 Unfriede herrscht auf der Erde /
  Ciągły niepokój na świecie
- 105 Unser Leben sei ein Fest
- 81 Unser Lied soll ein Lob für dich sein
- 45 *Unser Vater*

- 46 Vater unser im Himmel
- 45 Vater unser im Himmel (Kanon)
- 67 Viele kleine Leute (Kanon)

LIEDER UND GESÄNGE

19	Was ist Himmel?
22	Wasser vom Himmel, fließe zur Erde
100	We are marching in the light of God / Siya hamb' / Wir erkennen: Gott ist unser Licht
32	We shall overcome
115	Wenn das Brot, das wir teilen
92	Wenn die Last der Welt dir zu schaffen macht
122	Wenn wir doch wüssten
103	Wenn wir mit offnen Herzen hören
27	Wer auf Gott vertraut
53	Wer geweint hat
117	Wie ein Fest nach langer Trauer
133	Wie ein Wind, der leise weht
109	Wie in einer zärtlichen Hand (Kanon)
134	Wie sollen wir es fassen
48	Wir danken dir, Herr Jesu Christ ... dass du uns Freund geworden bist
100	Wir erkennen: Gott ist unser Licht / We are marching in the light of God / Siya hamb'
18	Wir feiern deine Himmelfahrt
44	Wir glauben Gott, die Kraft, die alles schuf
73	Wir haben Gottes Spuren festgestellt
62	Wir haben reichlich Segen erfahren
83	Wir nehmen Heil aus deiner Hand
33	Wir sind hier zusammen (Kanon)
135	Wir sind mitten im Leben
4	Wir ziehen vor die Tore der Stadt
114	Wo die Liebe wohnt und Güte / Ubi caritas et amor
121	Wo ein Mensch Vertrauen gibt
120	Wo Menschen sich vergessen
35	Wo zwei oder drei in meinem Namen (Kanon)
56	Würdig das Lamm (Kanon)
69	*Zeichen der Liebe*
93	Zünde an dein Feuer